告発

児童相談所が子供を殺す

山脇由貴子

文春新書

1090

告発　児童相談所が子供を殺す　目次

関係機関からの通告
建前だけの会議
相談受付は二十四時間
「虐待として受けたくない」
「泣き声通報」は後回し
七割は「助言」で終了
傷、あざがバロメーター
「俺もやってたから」が基準になる
警察からの通告は「断れない」
病院からの通告は最重視
怒る、怒鳴るも心理的虐待
「死ね」は虐待のサイン
DVは目撃するだけでも傷つく
アルコール依存症の親を介抱する子ども
ネグレクト家庭の悲しい食卓

はじめに

　子どもの虐待に関するニュースが流れるたび、マスコミは、児童相談所の人手不足、専門家不足を指摘し、厚生労働省も、児童相談所の虐待への取り組み強化のための法改正を繰り返してきた。にも関わらず、虐待死はなくならないのはなぜか。それは、原因が人手不足でも、専門家不足でもなく、児童相談所そのものの体質にあるからだ。児童相談所は、子どもを救う場所ではなくなっている。この問題を解決するには、児童相談所の実情を広く世間に知ってもらうことが必要だと私は考え、本書を書く決心をした。

　児童相談所が、虐待に取り組む機関である事は知っていても、虐待に関わる以外にどんな事をしているのか、知らない方も多いと思う。児童相談所というのは、〇歳から十八歳未満の子どもに関する全ての相談を受ける、公的な相談機関である。受ける相談は、知的障害、発達障害、子育て、非行、子どもの性格や行動面の問題など、多岐に渡る。しかし、近年の虐待相談の増加に伴い、全国的に、児童相談所の虐待への取組みは注目され続けている。しかし、その内実は知られていない。

児童相談所の中で何が起こっているか。児童相談所と関わることによって、親は、子どもはどんな思いを抱くのか。それを、この本を通して多くの方に知っていただき、その在り方について考えて欲しいと思う。

一般の方には、受け入れがたい、信じがたいことも数多くあると思う。しかし、その実情を知ってもらい、児童相談所の在り方だけではなく、大人はどうやったら子どもを救えるのかを考えて欲しいと思う。

そして何より、児童相談所で働く人たちに、今の児童相談所の在り方、自分の仕事について見つめ直し、児童相談所が本当の意味で子どもを救える場所になるために、自分のすべきことを考えて欲しいと思う。

子どもの安全を守るのは大人の責任だ。それなのになぜ子どもの命が脅かされるのか。大人達がそのことを嘆き悲しむだけでなく、子どもの幸せを願い、力を合わせることが、きっと子どもを救うことにつながると私は信じている。

序章　私が目の当たりにした悲劇

■「児童福祉司」という病

児童相談所の職員のメインは児童福祉司である。児童福祉司の業務内容は、「①子ども、保護者からの福祉に関する相談に応じる。②必要な調査・社会診断を行う。③子ども、保護者、関係者等に必要な支援・指導を行う。④子ども、保護者等の関係調整を行う」とされている。全国の児童相談所に配置されている児童福祉司は二千八百二十九名（平成二十六年四月一日時点）。児童福祉司の任用基準については、厚生労働省の児童相談所運営指針に定められている。

多くの人は思っているだろう。児童相談所で働く人間は子どもや相談に関する専門家であり、子どもを救うために日々必死で奔走しているのだろう、と。

しかし実態は違う。序章では、児童相談所の中で、子どもの人生を、家族の将来を決定づけるに当たり、絶大なる権力を持つ「児童福祉司」が実際にどんな仕事をしているかを知っていただきたいと思う。この章を読むだけで、児童相談所の抱える問題の大きさは十分に理解していただけると思う。まずは私が実際に体験したいくつかのエピソードから紹介する。ちなみに私は当時「児童心理司」という職にあった。この職の役割については後述する。

■子どもより親が怖い

六歳の男の子が継母から虐待を受けていると保育園から連絡があった。児童福祉司と一緒に保育園を訪問し、子ども本人と話をし、保育園の先生からも話を聞いた。

その男の子は日常的に継母から暴力を振るわれており、傷、あざを作って保育園に来たことは一回だけではなかった。兄、姉ともひどく差別されていた。遊園地などへ家族で出かける時、彼が一人だけ、家に置いて行かれるのは当たり前。食事も皆とは別の場所で、一人で食べる。当然中身も、家族は皆ハンバーグなどを食べているのに、彼は白いご飯だけ。兄姉は玩具を買ってもらえるのに、彼だけは買ってもらえない。だから保育園で一所懸命、チラシなどで玩具を作り、家に持って帰る。すると即座に継母に捨てられる。だから保育園の先生たちは、彼専用のボックスを作って、保育園で作った玩具を保管していた。その話をしている時、園長先生を筆頭に、保育園の先生は涙ぐんでいた。

子ども本人は、あまり虐待については話さなかった。それも当然だ。その時、私と彼は初対面だ。しかしうなずいたりすることで、継母からの虐待を表現してくれた。私は伝えた。

「本当に怖かったら、辛かったら、助けてあげるからね」

翌日、私は園長先生から電話をいただいた。園長先生は言った。

「表情が、全然違うんです。本当にほっとしたみたいで」

その直後だった。彼が頬にあざを作って登園して来たのは。

しかし、担当のベテラン児童福祉司は、「保護しない」と言ったのである。理由は「父親が反対するから」……。

保育園の先生から、父親は子どもを可愛がっているが、激高しやすい性格、という情報が入っていた。児童福祉司が「保護しない」と判断した理由はそれだけだった。後にも述べるが、虐待をする親には、児童福祉司に対して怒鳴ったり、脅迫めいたことを口にする者が少なからずいる。児童福祉司は、第一に子どもを守ることが務めであるはずだが、親とのやりとりを恐れるあまり、親の味方になるという本末転倒の判断をする者も多い。子どもに、「助けてあげる」と約束したのに……。幸いな事にこの時は児童福祉司が最終的には私の説得に応じてくれ、子どもは保護となった。その後、案の定、父親は反対したが、子どもは施設へ入所することが出来た。

■普通の公務員による重大な決定

性的虐待の疑いで保護となった小学生の女の子がいた。しかしそれだけではなく、子どもを保護している間に家庭訪問すると、家の中は汚れた洋服や古い幼児用の玩具が山と積まれ、洗面所とお風呂場はゴミや不要なものであふれ返り、使えない状態だった。一体、どうやって生活しているのか分からなかった。子どもから聞くと、母親はいつも携帯をいじっており、食事もろくに作っていなかった。当時、深刻な性非行を繰り返していた高校生くらいの年齢の姉の部屋はお酒の空き缶だらけだった。そしてかなりの貧困家庭だった。

家庭状況だけでも十分であったが、子どもも、「お母さんは好き」と言いながら、母が家事をしないこと、携帯ばかりをいじっていることには不満を語っていた。そして、子どもの心理検査の結果には、母に対する怒り、そして絶望と悲しみが明確に出ていた。家には帰せない。私はそう判断した。しかし、母は、家庭状況や姉の深刻な性非行を棚上げにし、児童相談所には優等生的な発言を繰り返した。母が自分の子育てを反省していないのは明らかだった。そして母は強く家庭引取を希望した。ここでも児童福祉司は「母親が納得しないから」と、家に帰す判断をした。そして私のいない所で、保護中の子どもに対しては、家に帰るよう、説得を繰り返していた。私と児童福祉司の意見は正面から対立していた。

「会議で判断してもらいましょう」

その児童福祉司は言った。そして、方針決定の会議では、「家に帰す」という決定がなされたのである。新任で児童相談所に配属され、児童福祉司経験二年目の彼の意見が、当時もう十五年に渡る経験のある私の意見より優先されたのだ。会議前に、管理職全員に根回し済みであったことに後から気づいた。その後、その子には定期的に面接をしたが、もう本当の事は話してくれなかった。ただ、私と二人きりの時、「お母さんに家のことを話さないように言われている？」と質問した時、大きくうなずいた。子どもを家に帰した後、家庭訪問すると、家は全く片付いていなかった。母親には、施設入所の説得を繰り返したが、頑なに拒否され続け、子どもを施設には入れられなかった。

担当の児童福祉司は、「この家庭について、責任を持ち、指導します」と会議で言った翌年に児童相談所ではない所に異動になった。

実は児童福祉司とは、児童相談所に配属された人間の職名であって、精神保健福祉士や社会福祉士といった「士」のつく資格職とは異なる。

読者は驚くかもしれないが、そもそも、児童福祉司は、子どもや相談に関する専門家でも何でもない。地方公務員試験を受けて役所に入った普通の公務員が、人事異動でやってきて、簡単な研修を受けただけで、子どもの人生を左右する役職に就く。そして数年、そのポジションを務めたら、他へ異動してゆくのだ。

■「殺されるかもしれない」という心の声も……

継母から虐待を受けていた中学生の女の子は、家に帰ることを怖がっていた。継母からの暴力により、頭に傷を負った時、継母は彼女の頭に、ペットの尿を消臭するスプレーをかけた。複数の心理検査の結果からも、彼女は継母に「殺されるかもしれない」という恐怖心を抱いていた。家にいながら、殺されるという恐怖を感じるのだ。当然、家に帰せるはずがない。私はそう判断していた。しかし、父親は継母の虐待について知らなかった。児童相談所が何度説明しても、虐待を認めなかった。虐待を認めない家庭は、虐待のリスクが高い。しかし、父親からの強い引取要請が繰り返され、私のいない時に、管理職を含めて協議がなされ、知らないうちにその女の子は家に帰っていた。引取に強く反対していた私は、意図的に協議メンバーから外されたのだ。

その後、強い問題意識を持っていた学校の協力により、子どもとは学校で定期的に面接を繰り返した。以前のような虐待は受けていないものの、継母との関係は悪くなり、家の居心地は以前より悪い、と子どもは言った。しかしここでも「居心地が悪い」だけでは保護は出来ない、と児童福祉司は判断した。

たった一つの救いは、父親が娘に愛情があったことだ。私は子どもに対して、辛い思いは、父親に伝えるように、と面接の中で繰り返し伝え、娘が数か月かけて覚悟を決め、そして父に思いを伝えたことで、父親は継母を家から追い出した。その時初めて、父親は児童相談所に感謝してくれた。しかし、このような良い結末はそうそうあるものではない。

■何度も保護され、帰され、虐待されて

どんな虐待によって保護しても、児童相談所が子どもを家に帰す判断は、児童福祉司次第で簡単に決められてしまう。母親自身が、子どもを虐待してしまうから保護して欲しいと、金曜日に連絡して来た。ところが、週が明けると、母親は「土日だけ預けるつもりだった」と引取を強く要請し、それを拒否すると児童相談所内の公衆電話から東京都にも苦情を申し立てた。実は、児童相談所は意外なほどに苦情に弱い。子どもの話から、深刻な虐待は明らかだったし、子どもは、小学校高学年にして、既に「死にたい」という気持ち

を抱いていた。心理検査の一つで、自分自身を現す木の絵を描いてもらったところ、その子は折れてしまいそうな細い木を描き、しかも、全てを鉛筆で塗りつぶした。自分が、存在してはいけない、と思うほどの強烈な自己否定感だった。

家に帰すのは危険。私は、担当の児童福祉司に伝えていた。そしてたった二日間で調査はまだ何もされていなかった。しかし当時の児童福祉係長は言った。

「これは別件逮捕だから、帰すしかない」

別件逮捕？　そのたとえの意味すらも分からなかった。結局、彼女は家に帰されたが、その後、何度も何度も、虐待で保護され、何年もかかった挙句、虐待による施設入所となった。施設入所となった時には、彼女の心の傷は深まっていた。

児童相談所にも施設にも不信しか抱けなかった彼女は、施設を飛び出し、家に戻った。しかし再び母から虐待され、家を飛び出し、その後中卒で風俗の世界に飛び込んだ。彼女のその後の人生については、あとがきで触れたいと思う。

■捨てた親と面会させる

母子家庭で、半ば母親から捨てられた状態で児童相談所が預かった子どもがいた。数年後、母親が突然連絡して来て、子どもに会いたいと言った。逆に言えば、数年間、母親は児童相談所に一切連絡をして来なかった。

小学生の男の子は、里親さんの家に預かってもらい、色々ありながら、里親さんも熱心に児童相談所に通って下さり、私の面接も重ね、ようやく里親さんと子どもの関係が落ち着いてきたところだった。このままそっとしておいてあげたい。私は当然そう思った。しかし児童福祉司は言った。

「実の親なんだから、会わせない訳に行かないでしょ」

そうなのだろうか。児童相談所というのは、実の親であれば、どんな虐待をして来た親でも、子どもを捨てた親でも、会いたいと言えば、会わせなくてはならないのだろうか。いや、そんなことは断じてない。

せっかく数年かけて穏やかな生活を送れるようになった里親の気持ちはどうなるのか。子どもを母親に会わせることによって、里親と子どもの間にどんな波紋が起きるのか。児童福祉司はそんなことをまったく考えていなかった。考えていたのは、母親の要求を退けることでの苦情とトラブルだ。

「別に、家に帰すって言ってるわけじゃないんだから。家に帰せる目途はないし。ただ、会わせるだけなんだから」

目的がないのなら、なおさら悪い。誰もが混乱するだけだ。

このことは後に里親からの苦情となった。対応した管理職はただひたすら児童福祉司をかばったらしい。

「うちの児童相談所で、最も優秀な児童福祉司ですから」

あきれてものが言えないとは、このことだ。その発言が、児童相談所の恥になるということに、管理職は気づかなかったのだろうか。児童福祉司が、間違った対応をしたのに、管理職は児童福祉司を庇う。それこそが役所の事なかれ主義であり、児童相談所の悪しき風習だ。

■児童相談所の構造的な問題

このように、面倒な親と悲惨な状況に置かれた子どもがいると、迷わず面倒な親の側に立って子どもを見捨てる児童福祉司がいかに多いか。

これは保身、トラブル回避、ことなかれ主義という、〝小役人根性〟のいちばん悪いところの表れであるが、同時に虐待において、加害者である親と被害者である子どもの両方をいっぺんに、児童福祉司は指導しなくてはならないという、児童相談所の持つ構造的な問題でもある。

さらに構造的な問題を挙げれば、指導において児童福祉司は〝絶対的〟な権限を持ち、その内容について、管理職（児童福祉係長など）に詳しく報告することすらない。そして、指導の内容は著しくプライバシーに関わるため、よほどの重大案件以外はマスコミに公表されることはない。公表されても、指導については「適切であった」と木で鼻をくったようなものになる。

まずいことは上司に報告せずに済み、マスコミにもばれないため、当然、モラルハザードが生じ、児童福祉司の中には人格を疑わざるをえないような者が出てくる。

シングルマザーに、「僕がお母さんの味方だからね」と言うのが口癖だった児童福祉司がいる。あるお母さんと「内緒で」手紙とメールをやり取りし、収拾がつかなくなった時、初めて同僚全員にお母さんからの手紙の全てを見せた。中身は完全にお母さんからのラブレターだった。どうしたらここまでエスカレートさせることが出来たのか、児童福祉司の返信内容が見たかったが、絶対に見せてくれなかった。

そのお母さんの子どもを保護している間のことだった。母から子への暴力は確かにあり、家に帰して良い材料など何一つなかったが、児童福祉司がお母さんに寄り添い過ぎたあまり、子どもを家に帰してしまった。もう一度、子どもが保護された時には、児童福祉司は新しい担当に代わっていたが、その時、子どもはどうしようもなく荒れてしまっており、児童相談所に対する不信が著しく、施設入所も拒否し、家に帰った。複数行った心理検査の結果は、「絶望」と「怒り」。そして数年後、その子どもは事件を起こして逮捕された。

母親との関係が悪く、家出によって一時保護となった中学生の女の子がいた。特に理由があるわけでもないのに、すぐにでも家に帰したいと思っていたベテラン児童福祉司は、即日、母と娘の面会をさせた。そもそも、一時保護の直後、調査も十分になされない段階で、親と面会させるなんてあってはならないことだ。母と娘は、私たちが同席しているにも関わらず、すぐに凄まじい言い合いを始めた。

半ば無理やり、話し合いを終えさせた児童福祉司は、私に向って言った。

「単なる親子喧嘩だってことが分かってよかった。これで家に帰せるね」

誰が見ても単なる親子喧嘩ではなかった。深刻な母との関係の悪さにより、その女の子はその後も保護されたが、知らないうちに私は、担当を外されていた。全てを自分の思い通りに進めたいベテラン福祉司ほど、自分の言いなりになる児童心理司しか使わない。担当を外された後、「親子関係に問題はなし」と相談は終了となった。改善の内容は、説明されなかった。

所内でのセクハラ、パワハラは言うに及ばず、中学・高校の女の子で性的な非行の問題を起こした子に、男性児童福祉司が、「最後の生理はいつだった?」としつこく質問したこともあった。子どもは心の底から嫌がっていた……。

虐待に関する通報が入ると、「緊急受理会議」が行われる。虐待の通告が入るのは間違いなく良くないことだ。虐待の内容を聞くだけで、親に対して怒りを抱くこともあるし、子どもを思って切なくなることもある。これから先のことを考えて児童福祉司は気が重くなる。しかし、かつての児童相談センターの所長は、会議が終わった直後、職員大勢の前で、

「緊急受理会議っていうのは楽しいね」

と笑いながら言った。

児童相談所の人手不足、専門家不足や、児童相談所の機能強化が急務という指摘は間違ってはいないし、子どものためを思っての意見であり、良心的な意見だと思う。しかし、これは児童相談所の実態を知らない人の意見だ。

私は、あまりにひどい児童相談所の現実を目の当たりにして来た。このままでは、児童相談所は子どもを救えない。そして、次章で述べる相模原市児童相談所の事件の報道を見た子どもたちはきっと思ってしまっただろう。

「児童相談所に助けを求めても、救ってもらえない」

「大人は、誰も助けてくれない」

私はそう思ってしまった子どもたちをたくさん見てきた。子どもに、そんなことを思わせてはいけない。大人は子どもを救うための存在でなければならない。そして児童相談所は、子どもを救うためにこそ、存在するのだ。

児童相談所が子どもを救えていない現実から、児童相談所は目を背けている。マスコミや世間からの批判を受け止めず、言い訳を考えてかわしてばかりいる。しかし、すべての児童相談所職員が、このままで良いと思っているわけではないと思う。自分たちの間違った判断により、傷ついている子どもがいるということに、全ての職員が鈍感でいる訳ではないと思う。このままではいけない。けれど、どうしたら良いのかわからない。自分一人では何もできない。そんな思いを抱えている職員もいるのだ、と私は信じたい。そのやり方が分からない。どうやって変えたらいいのか分からない。そんな迷いがあるのであれば、まず何が間違っているのかを、この本をきっかけに考えて欲しいと思う。

児童相談所は子どもを救える。そして、あらゆる児童相談所の職員にもう一度思い出して欲しい。児童相談所の強大な権限は、すべて子どものためにあるということを。

第1章　なぜ虐待死は防げなかったのか

二〇一六年二月に発生した相模原市児童相談所の事件は、そのあまりの悲惨さに、大きなニュースとなった。しかし、実は、この相模原市児童相談所の事件は全国、どこの児童相談所でも起こり得ることである。そこでこの事件を例に、各児童相談所に共通する問題点を指摘しておきたい。

■相模原市虐待死事件

相模原市児童相談所は二〇一六年三月二十二日、市児童相談所に通っていた市立中学校の男子生徒が二〇一四年に自殺を図り、二〇一六年二月に死亡したことを発表した。その男子生徒は虐待を受けていたと市児童相談所は把握し、通所により指導していたおり、この生徒は指導の中で数度に渡り保護を求めたが、市児童相談所は保護しなかった。その結果、生徒は自殺した。まず、簡単に経過のおさらいをしておく。

・市児童相談所は二〇一三年秋、本件を両親からの身体的虐待事案として把握。市の中央子ども家庭相談課と連携して対応した。

・中学生になった二〇一四年五月末、男子生徒は両親から暴力を受けた、と深夜にコンビニに駆け込み、警察が保護した。
・翌月の六月より、市児童相談所は、十月まで両親の指導や生徒との面接開始。計六回
・生徒は複数回、家から離れたい、と訴えた。
・十月、両親は母親の体調不良を理由に児童相談所に通うことを拒否。その時点で、市児童相談所は、一時保護を両親に提案したが、両親に断られた。すると、市児童相談所はなぜか（すでに読者は想像できると思うが）「親子関係は改善している」と判断。強制的な保護はせず、職員が学校での本人との面接を続ける方針を出した。
・その直後の十月下旬、市児童相談所は男子生徒本人が暴力を受けたと訴えた、と学校から連絡を受けたが、電話で状況を聴取したのみで、本人とは会わなかった。担当者は上司に報告しなかった。
・十一月、男子生徒は親族宅で首つり自殺を図った。
・翌々年二月に死亡。

■SOSは無視された

この経過を見て、おそらく、多くの方々が疑問を抱くのは、なぜ子ども本人が助けを求めたのに、児童相談所は子どもを保護しなかったのか、という点であろう。報道によると、相模原市は、親に一時保護を提案したが、親の同意が得られなかったため、保護しなかった、という。しかし、実は、児童相談所には、親の同意が得られなくても子どもを保護出来る権限がある（職権保護）。それなのに、多くの児童相談所は、親の同意が取れない場合に子どもを保護しない。これこそが児童相談所の問題なのだ。

子どもの保護の必要性を判断するアセスメントシートのトップ項目は、子どもの意志である。本来ならば、子どもの意志は最優先されるべきなのだ。しかし児童相談所は子どもの意志だけでは保護しない。これは実は警察も同様である。子どもの言葉だけでは虐待の証拠としては不十分とされるのだ。そして、児童相談所は、親との敵対を避けたがる。実は、どこの児童相談所も、子どもとの関係よりも、親との関係を優先する。内容が虐待であっても、である。

子どもの訴えがあった時、児童心理司が心理検査をすれば、子どもの訴えの深刻さの判断は確実に出来る。しかし児童心理司の大半は、この心理検査による判断が出来ていない。

あるいは、児童福祉司が心理検査の結果の重要性を知らないため、児童心理司に心理検査をさせない。心理検査で、子どもの心の傷の度合いを見れば、どの位の頻度で、どの程度の虐待が行われているかは確実にわかる。子どもの訴えだけでは不十分だと言うのなら、心理検査による分析を行うべきである。相模原市の公表した報告書には、心理分析どころか、児童心理司が面接したことすら書かれていない。子どもが自殺を考えていたことに児童相談所は気づけていなかった。「死にたい」という気持ちを子どもが心理検査上で隠すことなど不可能だ。心理検査をしていれば、子どもが死にたいほどの虐待を受けていたことは発見出来たはずだ。

「子どもの訴えだけでは」と同じくらい「心理検査の結果だけでは」虐待の根拠にはならない、と考えている児童相談所の職員は多いと思う。しかし、私は心理検査の結果だけで、家庭裁判所への申し立てをし、虐待が認められた経験を数多く持っている。子どもの心を扱う現場で、心理検査を取らずに子どもの心を判断する、心理検査の結果を軽視する、などはあってはならないことだ。

また、もし、次の想像が事実だったら、相模原市児童相談所は、子どもを追い詰めたことになる。それは親に一時保護を提案するに当たり、その理由について、「お子さんは保護を望んでいます」と説明したのではないかということだ。もし、「お子さんは保護を望んでいます」と伝えるなら、絶対に保護しなくてはならない。伝えた上で保護しないと、「保護して欲しい」と言った子どもの言葉は親にとっての裏切り行為にしかならない。虐待されていることを告白したことに他ならないからだ。結果、家に帰った後、虐待は間違いなくエスカレートする。子どもの言葉を親に伝える時には、その結果を予測し、慎重に伝えなくてはならない。もし、「児童相談所は少し親子が離れる必要があると判断しています」と伝えただけであっても、親は、その理由を勘ぐる。虐待が発覚したのでは、あるいは子どもが家から離れることで、虐待を告白するのではないかと考えるのは当然のことだ。児童相談所が、子どもが保護を望んでいる、と正面から親に伝えることが許されるのは、職権保護の準備を整えてから以外は考えられない。

そして、親が保護に反対している、という理由で保護出来ない、と判断した時、児童相談所職員は子どもになんと説明したか。「お父さん、お母さんが保護に賛成してくれないから、もうしばらく家で様子を見よう」——児童相談所が言いそうなことだ。子どもは、結局児童相談所は、親の味方なのだ、と思うことは間違いない。自分の気持ちは、優先されない。子どもが、そのことに気づき、「この人たちは何もしてくれない」と諦めることになる。そしてますます本心を語らなくなる。

■「みた感じ」で判断？

そして、次の疑問点はなぜ、指導によって「親子関係は良くなっている」と判断したのか、である。

通常、児童相談所の虐待ケースの指導は、親に対しては「虐待してはいけない」ということを伝え、一方、子どもに対しては、「虐待は許されないこと」という教育をする。

それなのに、児童相談所は、親の「虐待していない」という言葉を、子どもの言葉よりも信じる。出来る限り、虐待は「なかった」と判断したがる。そして、児童相談所の呼び出しに応じて通ってくる親を「指導に従っている」と高く評価する。

しかし、「虐待は許されない行為」と子どもに伝えたら、子どもは「正しいのは自分で親が間違っている」と、学ぶ。その結果、当然のことだが、親に対する反発心が芽生える。

虐待されている子の大半は「自分が悪いから怒られる」と思っている。その考えを修正してあげるのは間違いなく児童相談所の仕事だ。しかし、子どもの気持ちが変化し、親へ反発心が芽生えたら、中学生の男の子であれば、実際に親に反発するようになるのは当然だ。

すると、親子関係は改善するどころか悪化し、虐待はエスカレートする。親は、「児童相談所に通うようになって、子どもは以前よりも悪くなった」と考え、児童相談所に通うことに拒否感を抱くようになる。そして、もっと厳しくしつけなければ、と思うようになる。だから虐待はエスカレートする。親は、児童相談所になんて任せずに、自分たちで子どもをどうにかしようという決意をさらに固めるのだ。児童相談所は当然、この親子関係の変化を予測しておかなければならない。

相模原市児童相談所のケースで「親子関係が改善」しているのなら、なぜ通所指導中に子どもが保護を求めたのか。改善しているのなら、保護など求めるはずがない。そもそも、親子関係が改善していた、と判断した根拠は何なのか。

おそらく、「児童相談所に通っている親子の様子を見る限り」、である。どこの児童相談所でも行っている判断であろう。しかし、児童相談所に親子で来て、その中で、虐待を疑われるようなことをする親がいるはずがない。優等生的に振舞うのは当然だ。

親子関係が改善しているというのと、「虐待がなくなっている」ということは、イコールではない。児童相談所が判断すべきは、親子関係の改善だけではなく、虐待の有無だ。子どもが家で、傷つけられていないかである。だから、子どもの心の状態を定期的に心理検査でチェックすること以外に、虐待の有無は判断出来ないはずだ。

児童相談所に相談に来ていても、指導を受けていても、人は、嘘をつく。児童相談所に素直に通って来ているのだから、児童相談所で話すことは、全て真実だ、と思うことが間違っている。どこの児童相談所でも行っていないと思うが、子どもの心理検査と同じくらい重要なのは、実は親の心理検査である。親に対しても心理検査を行うことによって、親の人格、そして虐待を行うリスクは判断出来る。なのに、児童相談所は、親の心理検査を取ることをしない。心理検査をする、ということで、児童相談所は親に問題があると判断している、と思われることを恐れているのだ。

しかし、心理検査を受けることを親が頑なに拒絶するとしたら、それは親には何らかの大きな隠しごとがあるということだ。児童相談所は、「みた感じ」の親の、子どもの、親子関係の評価をやめるべきだ。もっと根拠のある判断をしなくてはならないのだ。

■責任は果たした

次に、この子どもは保護してほしいという訴えが認められず、児童相談所に通って来なくなったが、担当の児童福祉司は急に通って来なくなったことを重大な危険信号とはとらえなかったのか。

深刻に受け止めなければならないのは、親が子どもと児童相談所を接触させるのを拒絶したことであり、そのきっかけは一時保護を提案したことにあった。そこには、親にとっての不都合がある。しかし、児童相談所は、子どもの元気な姿さえ確認出来れば「大丈夫だ」と判断する。児童相談所として「安全確認」の責任を果たしている、と堂々と言えるからだ。「子どもは学校に楽しく通っていた」と記者会見でのコメントがあったが、虐待されている子どもの大半は、学校には元気に楽しく通っている。当たり前ではないか。学校の方が、居心地が良いし、ご飯も食べられる。殴られることもない。虐待されている子どもの多くは、出来ることなら、ずっと学校にいたいと思っている。重要なのは、「家に帰りたくないと思うかどうか」である。加えて、殴られて登校したことは、どう評価していたのだろう。殴られても元気に通っている、と評価したのだろうか。

子どもは、児童相談所に通えなくなった理由を、自分が保護して欲しいと言ったせいだ、と考えたであろう。結局、児童相談所に話した自分の気持ちは親に筒抜けなのだ。そう思っただろう。助けを求めたのに、助けてもらえなかった。そして、自分の置かれた状況は、悪化した。児童相談所は、自分を助けてくれる場所ではなかったのだ。子どもはそう思ったのではないだろうか。

■上司に報告しなかった担当者

序章で述べたように、そもそも児童相談所における、児童福祉司の裁量の幅が大き過ぎるのだ。虐待ケースであっても、大半のことは、福祉司が一人で決める。そして細かな報告を管理職にはしない。上司に報告すべき重大な内容か、報告は必要ない内容かを決めるのも児童福祉司だ。

そして、自信がある児童福祉司ほど、報告しない。自分の判断は間違っていないと信じている。自分には虐待を改善出来る、親子関係を良くする力がある、と信じている。だから、報告しないし、相談もしない。

学校から、本人から、暴力の訴えがあったと連絡を受けたのに、担当の児童福祉司が学校に行かなかったのも、どこの児童相談所にもあることだ。学校に聞き取りをお願いする、親への注意をお願いする。「後日、本人と話をします」と言い、しばらく学校で様子を見てもらう……。よくあることだ。

■言い訳ばかりの記者会見

本人が死亡してしまった時の児童相談所の記者会見は言い訳ばかりだった。相模原市児童相談所長も「判断は間違っていなかった」「適切な対応をして来た」と述べた。どの判断が間違っていなかったのか。間違ったから、子どもが死んだのではないか。そして適切な対応とはどの対応のことだろう。結局何一つ具体的には説明していない。

児童相談所は、児童相談所の中で行われていることを発表しなくても許される。それが根本的な間違いであり、児童相談所が劣化を続けている原因だ。児童相談所が、自分たちの間違いを認めなければ、児童相談所は改善されない。

そもそも、所長は細かなことなど把握していなかったはずだ。そして、「傷・あざや衰弱などの緊急性があれば、ためらわず保護した」とコメントしたが、緊急性は随所にみられていた。傷・あざはあった。コンビニに深夜に駆け込んだ。これらが児童相談所にとっては「緊急」と判断出来る材料でなかったとしたら、何が起これば緊急だと判断してくれるのだろう。「死にそうなくらいの傷・あざ」か「死にそうなくらいの衰弱」か。そこまで子どもが傷つけられなければ、児童相談所は保護しないのか。死にそうなくらいに傷ついた子どもを見れば、通りがかりの人であっても放ってはおかないだろう。児童相談所が通りがかりの人と同じ判断で動いて良いはずがない。

■女の子を裸にして身体検査

この事件の前年十二月にも、相模原市児童相談所は、「一時保護所の子どもを全裸にして身体検査をした」として大きく報道された。一時保護所にいる子どもが、意見や要望を書く用紙を一枚紛失したため、女性職員が保護中の女の子九人を脱衣所で一枚ずつ服を脱がせ、下着の中などに隠していないかを検査した、という事件である。男の子は、下着姿にして職員が検査をしたという。全裸にした理由は、子ども同士が連絡先を交換し合うのを防ぐためである。一時保護所の内情については後述するが、多くの方は思っただろう。年頃の子どもを裸にするなんて、行き過ぎだ、と。世間の批判を受け、相模原市は本件について「子どもの人権侵害であった」、と謝罪会見を開いた。

一時保護所とは、児童相談所が子どもを緊急に保護するための施設である。この、一時保護所というのは非常に特殊な場所だ。多くの児童相談所では、子どもは一時保護所に入る時に全ての私物を預けさせられる。携帯、財布は当然、洋服、下着も一時保護所の物を身につけなくてはならない。その際の着替えに職員が同席する。下着の中にたばこや薬、お金を隠している子もいるからだ。子どもたちが一時保護所を出た後に連絡を取り合い、問題を起こすのを防ぐことも必須とされる。しかしこれだけインターネットが普及した今、子どもたちがネットを使って相手を探し出すなど容易なことだ。一時保護所は大きく変わらなくてはならない。そのためにも、相模原市の事件のように、一時保護所の実態は報道されるべきだ。

この事件があったにもかかわらず、また、今度はより大きな悲劇を生んでしまった。それは、相模原市児童相談所の職員でなくても、同じようなことはどこの児童相談所でもやっているだろう、とタカをくくっていたからではないか。一時保護所、児童相談所の実情は、報道されることがない。だから、改善しようというモチベーションが働かない。一般の人々には、大きな衝撃であったと思うが、事実、どこの児童相談所でも、同じようなことは行われているだろう。

なぜ、子どもを救うための児童相談所で子どもを傷つけるようなことが起こるのか。それこそが、虐待死がなくならない原因であり、児童相談所の問題である。この本では、児童相談所の実情と問題点を挙げることで、なぜ虐待がなくならないかを明らかにしてゆきたいと思う。

第2章　児童相談所とは何か

図1　児童相談所における虐待相談対応件数の年度別推移

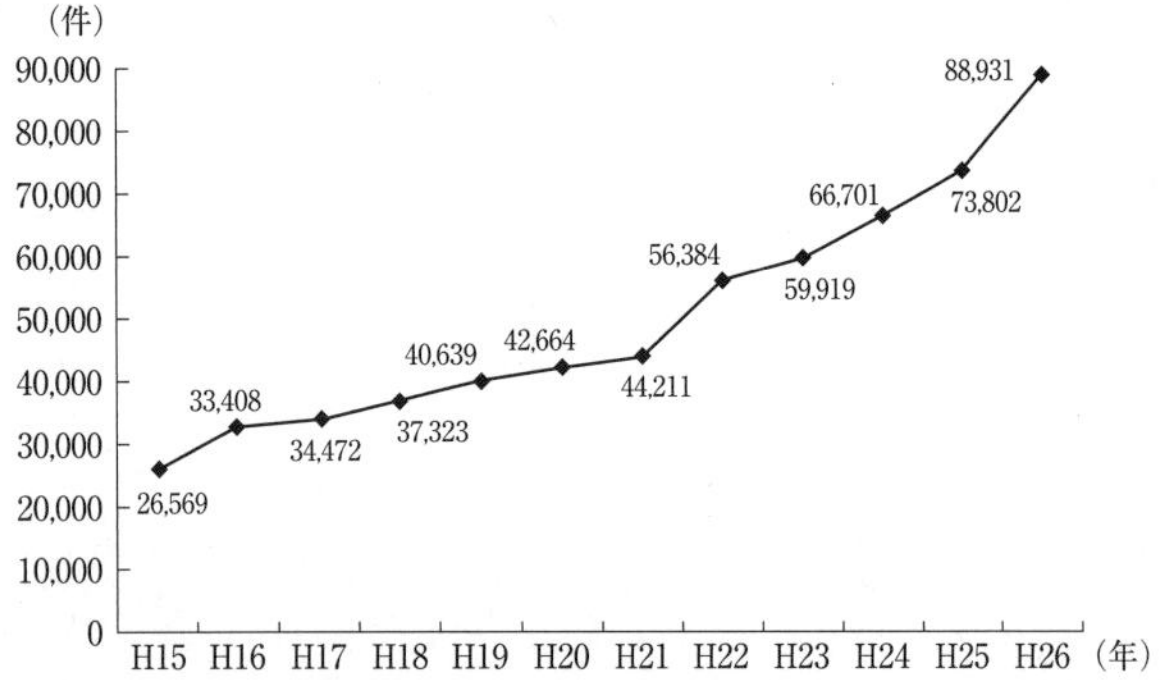

＊平成22年度数値は東日本大震災の影響により福島県の件数を除いて集計されたものである。
（出所　東京都「虐待相談のあらまし」）

この章では児童相談所の組織と内容についてまとめてみたい。

■子ども対応の「何でも屋」

児童相談所は、「〇歳から十八歳未満の子どもに関する相談は全て受ける」こととなっている。また、東京都では「愛の手帳」という知的障害のお子さん（十八歳未満）に対する、いわゆる「療育手帳」の発行は、児童相談所でしか判定できない。平成二十六年度は、その知的障害に関する相談が約六分の一。児童心理司の行う業務の半分は、知的障害の診断である。

愛の手帳の相談についてはうけなくてはならないので、すべてうけるが、その他は、現在はほぼすべて虐待に追われている。私が配属された十九年前は、不登校のお子さんは週に一度通ってもらうなど、今考えれば贅沢なかかわりが出来ていた。現在の児童相談所は、不登校など受けていられない。子どもが元気でいる姿さえ確認できれば、あとのかかわりは学校に任せる。不登校の相談が児童相談所に入れば、教育相談を紹介する。「そんな相談をうけるどころじゃない」からだ。

警察からの相談を除けば、よほどのことがなければ、虐待以外の相談は受けない、ということだ。虐待以外でも、勇気を持って相談の電話をかけて来た人は、どんな気持ちになるだろう。そして、「緊急で相談したい」と言っても、予約を入れてもらえるのは一か月先、ということなど、よくあることだ。

■相談受付から方針決定まで

児童相談所の相談は、基本は電話で予約を入れて来ていただくシステムとなっている。突然、児童相談所にやって来る親御さんや子ども本人もいるが、来ていただいても、対応出来る児童福祉司がいなければ、「改めて電話を下さい」とお伝えして、お帰りいただくことになる。

相談が受理されると週に一度の「チーム協議」というチームメンバーによる会議で受理の報告がされる。チーム協議は児童相談センター以外の地域児童相談所では「ブロック会議」と呼ばれる。この協議で、相談内容に応じて、心理診断をするか、家庭訪問をするか、一時保護が必要か、などが検討される。その後、チーム協議での決定を受けて、調査や診断、面接が行われ、それらをもって再度チーム協議で今度は総合的な協議がなされる。チームで決定した内容は、やはり週に一回の「援助方針会議」という原則全員参加の所全体の会議にかけられ、組織としての方針が決定される——というのが大まかな流れである。しかし、虐待の通告に関しては、週に一度のチーム協議を待たずに、「緊急受理会議」という会議が管理職を含めて行われ、方針が決定される。他にも、会議を待てない緊急の判断が必要な場合は、同様に管理職を含めた協議がなされ、方針が決定される。

相談の流れの詳細を知りたい方は、全国的に児童相談所はホームページを開いているので、ご覧いただきたい。

■典型的な〝お役所体質〟

東京都内には児童相談所は十一か所あり、各所によって担当する地域が決まっており、担当地域の相談だけを受ける。その中で東京都児童相談センターはいわゆる「中央児童相談所」である。三年前に老朽化した建物から移転し、警視庁の相談機関である少年センターと、東京都の教育相談センターとの合同庁舎となり、立派な建物となった。

移転前は、トイレに行くのがストレスになるほど、古かった。相談に来る方にとっても、快適な空間とは感じられなかったであろう。

子どもと遊びながらの治療、いわゆる「プレイセラピー」をする部屋も、他の部屋、事務室同様に汚かったが、それ以上に、玩具の大半が壊れているか、電池切れが放置されていた。子どもが玩具で遊ぼうと思っても遊べないのだ。

移転に伴い、玩具も一新され、プレイルームは部屋数も他の相談室同様、各段に増えた。マスコミ取材の時には、この部屋も案内する。とても立派に作られているからだ。しかし、プレイルームはいつ見ても、がら空きだった。「使っているのを見たことがない」という管理職もいたほどだ。

相談に来た方との面接を行う各相談室に関しては、移転に際して、発注ミスでテーブルと椅子がとても事務的なものが届き、加えて子どもが来る場所なのに、全体があまりに殺風景だった。外部の人を招いての開所式で、ある偉方がその殺風景さに激怒し、職員が慌てて絵を飾ったり、ドアに大きなシールを貼ったり、ということがしばらく続くという、笑えない事態となった。

東京都児童相談センターは、中央児童相談所なので、児童相談所の業務の他にも、四一五二電話相談、治療指導事業、広報などの業務もある。こちらも事業概要からも見られるし、ホームページにも簡単な一覧が載っている。

その中で、地域の児童相談所としての役割を果たすのが、相談援助課になる。東京都児童相談センターの相談援助課は地域の児童相談所の三か所分の規模である。だからチームが三つある。一つ一つが各地域の児童相談所の役割を担う。

児童相談所で働くのは、まず児童福祉司がいる。そして児童心理司。東京都の場合、児童福祉司が児童心理司の二倍以上である。これは、かなり児童心理司が増員された結果の数字である。以前は三：一の割合であった。

児童福祉司の上司として、チーフがいて、その上に児童福祉係長がいる。児童心理司の上司は心理指導係長となる。その他に虐待対策班という虐待対応専門のチームがある。その他、養育家庭（いわゆる里親）担当部門。そして事務を担当する係がある。

図2　地域児童相談所の組織図

所長

（係　名）	（分　掌　事　務）
管　理　係	1 職員の人事、給与、福利厚生、経理、施設整備の維持管理 2 ケースの進行管理、記録の管理 3 受理会議、援助方針会議等の運営管理 4 児童福祉施設への入所措置事務 5 里親等の登録委託事務 6 愛の手帳交付事務 7 業務統計等の事務
児童福祉係	1 児童の福祉に関する事項についての相談・調査及び指導 2 家庭復帰促進事務 3 地域支援業務（地域連携支援、子供家庭支援センター支援、養育家庭支援、家庭復帰支援）
虐待対策班	1 特に困難な児童虐待に係る立入調査、一時保護等 2 虐待防止の啓発
心理指導係	1 児童等に対する心理診断、心理指導 2 児童等に対する医学診断、治療指導
保　護　係 （一時保護所併設児童相談所のみ）	1 児童の保護 2 児童の生活観察、生活指導、学習指導 3 児童の保健衛生に関すること 4 給食に関すること

（出所　東京都児童相談所「事業概要」）
※児童相談センターの業務内容・各種統計データをご覧になりたい方は、児童相談センターの事業概要をご覧いただきたい。

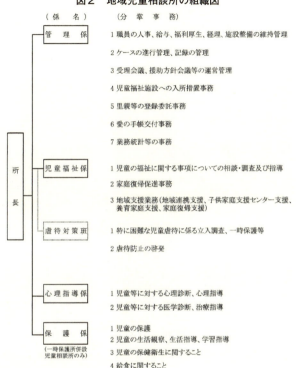

相談を受けた子ども、親の直接対応をするのは児童福祉司、児童心理司。基本はこのセットがケースの担当である。虐待対策班は担当としてケースは持たないことになっている。あくまで家庭訪問や会議の同行や、面接の同席である。

他の地域児童相談所の所長に当たるのが、相談援助課長である。つまりは児童相談センターが受ける相談部門の統括責任者は、相談援助課長である。児童相談センター所長はいるが、あまりに偉いので、児童相談の決定権者ではない。

相談に関する最終決定、組織決定をする場が援助方針会議である。所長、次長、課長、医長という管理職の他、相談援助課の職員は原則全員参加となっている児童相談所にとって最も重要な会議である。しかし、この援助方針会議の中身が、児童相談所の抱える大きな問題の一つなのである。

会議とは名ばかりで、議論はほぼされない。寝ている人も常に複数いる。担当児童福祉司の判断はほぼ全て何の議論もされないまま、通ってしまう。会議の場で、調査不十分や判断の間違いを指摘し、「チーム協議に差し戻して再協議」と、児童福祉司の決定をくつがえす管理職はごくわずかだ。

そして、援助方針会議でのプレゼンテーションは短ければ短いほど良いとされる。会議を長引かせないためだ。児童福祉司のプレゼンテーションは最長でも三分以内。児童心理司は一分以内と決められ、時間をオーバーすると、鐘を鳴らされた時期もあった。そんな内容の会議で、子どもの人生、家族の人生が決定されるのだ。

■問題は「人数」より「やる気」

平成二十八年度、厚生労働省は児童虐待の増加、なくならない虐待死、そして相模原事件の影響もあり、四年かけてのさらなる職員増加による児童相談所機能強化の方針を出した。平成二十七年度の児童虐待件数は、十万件を越し、過去最多となった。

しかし、私が児童相談所に配属された平成六年当時、東京都は児童相談所を減らしてゆく方針を出していた。こんなにも児童虐待が深刻化するなど、東京都は予想出来ていなかった。その後、虐待の増加により、慌てて方針転換したのだ。

こういう急な方針変更はよくあることだ。平成十年だったと思うが、援助方針会議で、当時の相談援助課長が、「厚労省から『児童相談所はいじめに取り組め』というおたっしがあったから取り組みを始める」と意気揚々と話したが、この話は一体どうなったのか。その後まったく出て来なかった。平成二十六年度、児童相談センターが受けたいじめ相談件数は六十五件。電話相談を除けば四件である。

児童相談所の職員は、実際年々増えている（平成二十六年四月一日では二千八百二十九人）。増員は児童福祉司がメインだが、心理職も増えた。虐待対策班も作られた。課長の「増員の要求を出した」「増員になった」という報告は課のミーティングで毎年聞いていた。

それでも、人手不足・専門家不足は指摘され続け、「児童相談所の機能強化が急務」と、言われ続けている。

では、児童相談所の職員を、専門家を増やせば、虐待に関する問題は解決するのか。虐待は減るのか。現実には、児童相談所の職員は増えているのに、虐待相談は激増し続けているし、虐待死はなくなっていない。

一番の問題は人手不足ではない。児童相談所という職場で「働きたい」人がいないのだ。いつの間にか、児童相談所は「最も働きたくない場所」になってしまった。その理由の一つは、福祉や心理を勉強して来た人間であっても、「虐待」には関わりたくないのだ。他人事としてニュースで見る分には構わない。同情していれば済むからだ。しかし自分が当事者にはなりたくない。関わらないで済むなら、関わりたくない。自分とは関係のないことだ、としていたい。そして、誰もが、虐待を防ぐ、なくす、なんてどうしたら良いか知らないのだ。一般の事務職ならなおさらだ。そして、虐待に関するニュースが流れる時、マスコミに責められる児童相談所の姿も見ている。児童相談所で働く、ということは、そのリスクを自分も背負うということだ。さらには、児童相談所で働く大変さは、役所の中では評判になっている。激務である、仕事は増えていくばかり、そして親には攻撃されるばかり。児童相談所で働いていて、「もう児童相談所で働きたくない」と思っている人はたくさんいる。

児童福祉司になりたいと熱望してなったはずの人も、実際、児童福祉司になると後悔する。児童相談所が毎年受け入れている大学実習生に対して「児童相談所でなんか絶対働かない方がいい」と言い続けた児童福祉司もいる。でも、そんなことを言わなくても、児童相談所で実習をした実習生は、児童相談所で働きたいとは思わない。

世間の方は、児童相談所で働く人は、最低限、福祉の勉強をした人、子どもの現場で働いた人、相談機関での経験のある人、と思っていることだろうが、実際には、福祉に関する知識は全くなく、子どもに関わる現場や相談機関での経験のない、東京都の公務員試験に事務職として入った新卒が、児童相談所に配属されている。東京都の、福祉には全く関係のない他の局で二年間事務をしていた職員も配属されて来る。現在の児童相談所で、福祉や心理の専門的な勉強をして来た人間の割合は本当に少ない。専門家の不足、というレベルの話ではない。完全な素人が、児童福祉司として働いているのだ。もはや、児童相談所について全く知らない人しか、児童相談所で働いてくれないからだ。

せっかく東京都の公務員採用試験に受かったのに、配属先が児童相談所と決まると東京都の採用を辞退する人まで出始めている。児童福祉司になりたい、と言う人がいれば、専門知識のない人でも希少なので、ぜひ来ていただく。児童心理司だって同様だ。常に常に、「誰か人材はいないか」と管理職は探していた。

定員としては、児童福祉司も、児童心理司も増員したはずなのに、実際は定数すら埋まらない。だから退職者を再任用、再雇用で雇う、非常勤を雇うことで人員を確保する。それでも足りなくて、任期付き職員を募集して雇い、任期期間を延長する。しかし、募集をかけても来る人がなかなかいない。だから、一年間、二年間限定の関係機関からの派遣職員も重要な人材だ。そういう人にも一人前の児童福祉司として働いてもらうことになる。研修期間であるにもかかわらず、一人前として働いてもらう。十分な教育すら受けていない、新卒や派遣職員が一人前の児童福祉司として働いているのが児童相談所の現状だ。

一番の問題は、人手不足、専門家不足ではない。「最も働きたくない職場である児童相談所」という組織を変えることこそ、児童相談所の課題だ。残念だが、虐待のみならず、児童相談所のすべての相談に対する対応は悪化し続けている。「こんな仕事したくない」と思う人たちばかりで、福祉に関する知識がない、素人が大半の集団なのだから、当然の結果だ。

児童相談所という組織を変える。そして職員の質を上げる。それこそが、児童相談所の急務だ。

■大きすぎる児童福祉司の権限

そして、児童相談所の最大の問題は、児童福祉司の権限が大き過ぎることだ。相談に関するすべての決定は、児童福祉司の判断に委ねられる。

相談の電話が入った段階から、「相談を受けるか、受けないか」は児童福祉司個人の判断に任せられる。チーム協議では、電話相談の報告もすることになっているが、「大した相談ではなかったので、助言して終わりました」

あるいは、

「ちょっと変なお母さんだったので、助言して早々に切り上げました」

と報告すれば済んでしまう。

しかし、「大した相談ではない」というのは、電話を受けた児童福祉司の個人的見解、つまりは「印象」でしかない。

相談を受け、お母さんやお父さん、子どもに児童相談所に来てもらったとしても、その後のケースの進め方もやはり児童福祉司の裁量に任される。心理診断をするかどうかも児童福祉司の判断だ。児童福祉司が「心理診断は必要ない」と判断すれば、子どもの心の状態の診断なしで、ケースが終了となる。児童相談所において、児童心理司は専門職であっても、あくまでサブなのだ。

相談を一回で終わるのか、また来てもらうか。一時保護が必要か、必要ないか。すべては児童福祉司が判断する。

子どもを一時保護するかどうかの判断は、管理職を含めた協議が必要だが、児童福祉司が「一時保護の協議が必要」と判断しなければ、協議もなされない。子どもが安全かどうか、保護が必要かどうかも児童福祉司の主観に任されている。

相模原市児童相談所のように、学校から傷・あざの連絡を受けても、上司に報告しないということが、児童相談所においては日常なのだ。「報告する必要があるかどうか」も児童福祉司の判断次第だからだ。一部報道にもあるように、児童相談所は親の同意が得られなくても、職権保護をする権限があるが、児童福祉司が自分の所に来た情報から、「保護の必要なし」と判断すれば、職権保護の必要性の協議もなされない。

児童相談所での勤務経験年数は重要だが、ベテランだから判断に間違いがない、という訳ではない。往々にしてベテランという自負がある児童福祉司は、自分の判断が絶対に正しいと思っている。また、ベテランで児童相談所のことを良く知っている、ということは、会議で自分の提案をスムーズに通す、管理職を納得させる術を知っているということだ。そして隠しごとと言い訳も上手だ。さらに言えば、自信のある児童福祉司こそ、誰にも相談せず、管理職に何も報告しないで、すべてを決定する。「自分の判断は絶対に正しい」と思っており、児童相談所の権限を、児童福祉司個人の権限と勘違いしているのだ。

国や区からの派遣職員が一人前の児童福祉司として働いていることは前に述べた通りである。派遣というと中途半端な立場、という印象を受ける方もいるかもしれないが、実はベテランの児童福祉司、過剰な自信を持つ児童福祉司に比べれば、派遣で来ている職員の方が、意欲は高いし、謙虚さ故に、相談の扱いも丁寧である。手の抜き方も知らないので、一つ一つ熱心に取り組む。一部の派遣職員は、児童福祉司に媚びて、そのやり方を真似するが、多くの派遣の職員は、児童相談所という特殊な職場や、児童福祉司の仕事の仕方に違和感を抱き、児童相談所に染まらずに仕事をする。派遣職員の一番の問題は、その期間の短さであって、仕事を覚えた頃には、もとの職場に戻ってしまうことだ。そして子どもにしても親にしても、「頻繁に担当が代わる」と感じ、児童相談所への信頼が薄れる。

児童相談所、という所はすべてを児童福祉司が決める。児童福祉司の行う仕事の基本は、面接、調査。つまりは情報を集めるということだ。本来ならば、集めた情報から、組織全体で方針を決定すべきだ。しかし情報を出来るだけ多く集めようとする児童福祉司はまだ誠意がある。多くの児童福祉司は会議対策を念頭に、絶対にやるべきこととされている最低限の情報だけを集め、そしてそこから自分の都合の良い方向に、子どもの人生を決定する。そこに、児童相談所の大きな間違いがある。

第3章　なぜ虐待はなくならないのか——虐待の「強制終了」

ここからは、児童相談所の虐待対応について書いてゆきたい。まずは読者にとって身近な事例から順に紹介しようと思う。

■虐待相談はどこから来るか

まず虐待の相談がどこから来るのか、整理しておきたい。

一つは、虐待している親本人からである。

「虐待してしまいそう」

「叩いてしまう」

「このままだと殺してしまうかもしれません」

など、多くはお母さんからのものである。

残念ながら、東京都の統計では「家族親戚」というカテゴリーはあるが、「虐待者本人」というカテゴリーはないため、数値は分からない。しかし、全体に占める割合は低いと思われる。また、子ども本人からの相談もあるが、数としては少ない。

一方で、近隣・知人からの通告はかなりの数ある。平成二十六年度の厚労省の「児童相談所における児童虐待相談の処理状況報告」によれば、全国のデータでは、近隣・知人からの通報は全体の九％だが、同年の東京都のデータでは二九・三％にも上る。近隣通報の大半は、「近くの家から子どもの泣き声がする」「同じマンションのどこかから泣き声がする」などのいわゆる「泣き声通報」である。

■関係機関からの通告

一般個人からだけでなく、子ども家庭支援センター、福祉事務所、保健相談所などの関係機関、保育園、幼稚園、学校、学童保育、児童館などの子どもを預かる現場や、病院からも通告がある。

そして、虐待に関しては、一一〇番する人も少なくないため、警察から児童相談所「通告」という形で虐待の相談が送られてくる。警察からの通告は「書類通告」「身柄通告」の二種類がある。書類通告とは、児童福祉司の指導が必要として、その理由となる虐待内容が書かれた書類が警察から児童相談所に送られ、指導を一任される。身柄通告は、子どもの保護が必要と警察が判断し、子どもを警察が児童相談所に連れて来るのである。

■建前だけの会議

虐待に関しては前に書いた通り、「緊急受理会議」が開かれ、方針が決められる。

緊急受理会議は、「緊急」とつくのだから、本当に緊急に行われているのだろう、と多くの人は思うだろう。しかし、この会議は最低限出席しなくてはならないメンバーが決まっているので、実際には「管理職がいない」「虐待対策班がいない」などの理由で後回しにされることも少なくない。通告の数日後になることもある。内容によって「深刻ではないから後回しにしても良い」と児童福祉司が個人的に判断して、後日になることがあるのも現実だ。

児童虐待防止推進月間には、児童相談所に取材に来る場合があり、通常、絶対にマスコミを中には入れない児童相談所が、この時だけは歓迎する。東京都児童相談センターは広報業務もあるので、都内全児童相談所のマスコミ対応は東京都児童相談センターがする、とされている。

新聞取材だと、所長を筆頭に大名行列のように職員が付き添い、各部屋を案内する。

緊急受理会議の場面もテレビカメラが映し、訪問に出掛ける職員の映像がテレビで流れたりするが、これらは緊急受理会議をしている「ふり」、出掛ける「ふり」に過ぎない。

虐待の受理に関して、最も恐ろしいのは、その相談内容が「虐待か」「虐待ではないか」を決めるのも児童福祉司の判断であることだ。「通告」や近隣からの通報は、虐待として受けることが原則だが、例えば、お母さんからの電話、子どもからの電話、知人や友人からの電話を児童福祉司が受け、児童福祉司が「虐待ではない」と判断すれば、当然、緊急受理会議は開かれない。しかし、その内容は誰にも明かされない。

■相談受付は二十四時間

東京都は、三百六十五日、二十四時間、虐待に関する通告・相談を受ける体制となっている。そして平成二十七年七月一日より、全国的に、児童虐待に関する電話での通告・相談は一一〇番のように「一八九」と三桁化された。「いちはやく」のごろ合わせである。三桁化は、より早急に虐待を発見する為にスタートされたが、実際にスタートしてみると、音声案内が長すぎるとか、有料であることへの不満が多く、実際に通報しやすくなったわけではないようだ。

平日の児童相談所の開いている時間は、虐待に関する通告は、電話を受けた人間が内容を聞き取り、虐待通告連絡表という専用の書式に記録し、緊急受理会議を開く。この流れは徹底していると言って良いだろう。しかし、緊急受理会議が先延ばしにされることがあるのは書いた通りである。そして児童福祉司は外に出かけていることも多く、電話に出られる児童福祉司が全くいないこともあり、通告を受けること自体が遅れてしまうこともある。

さらに、問題なのは夜間と土日祝日である。

東京都は夜間も、土日も電話は通じる。と言っても、各地域の児童相談所は、十七時四十五分以降は業務終了の案内が流れ、児童相談センターの電話番号が案内される。だから、都内夜間の全ての電話が児童相談センターの窓口にかかって来ることになる。

電話はつながるが、平日の十七時四十五分から翌朝の八時半までは、電話を受けるのは警備員一人だけである。警備員はあくまで警備員であるので、出来るのは電話の取次ぎだけである。だから内容が虐待通告であっても、翌日、担当する地域の児童相談所に電話内容が取り次がれるだけだ。

そして、土日祝日の昼間は、都内の全児童相談所十一か所から、交代で管理職、児童福祉司、児童心理司が東京都児童相談センターに出勤して電話を受ける。

土日祝日に受けるのは、原則緊急の虐待ケースだけ、となっている。もちろん、緊急の虐待である、と管理職が判断すれば、児童福祉司と児童心理司が子どもを保護しに行くこともある。しかし、土日祝日に受ける虐待通報の電話も、大半は休み明けに、担当の児童相談所に伝え、担当者から連絡を入れるようにします、と返事をして終わる。土日祝日のメンバーは総勢五名。全ての通告に対して家庭訪問していたら、今度は電話を受ける人間がいなくなる。だから電話の内容を聞き取るだけで終わるのだ。

■「虐待として受けたくない」

ここからは、虐待に関する通告・相談があった場合に児童相談所でどのような対応がなされるかを書いてゆきたい。その上で、まず知っておいて欲しいのは、多くの児童福祉司は、出来る限り「虐待」として受けたくない、自分が担当として持ちたくない、と思っている、ということだ。つまり、「虐待として受けない」あるいは「出来るだけ早く終わりにする」方向で努力していると言って良いのだ。

■「泣き声通報」は後回し

近隣通報は緊急受理会議でも一番後回しにされやすい。その大半が「泣き声だから」である。児童福祉司、あるいは虐待対策班は当たり前のように「後でも大丈夫です。泣き声だから」と言う。もちろん、子どもは泣いて当たり前だ。赤ちゃんであれば、泣くことしか表現手段を持っていない。しかし、泣き声通報の中には深刻なケースも含まれている。

二〇一六年の一月、埼玉県狭山市で三歳の女の子が虐待によって死亡した。警察が臨場した時、女の子は死亡しており、身体はやせ細り、顔には直径十センチメートルの火傷があり、焼けただれていた。押し入れからは、ペットをつなぐリードのようなものと、つなぐ金具も発見された。しかし、事件以前に警察は二回、現場に駆けつけていた。一回は、子どもが家の外に閉め出されて泣いている、二回目は泣き声の通報であった。二回とも、警察は暴行を受けた跡など虐待を疑われる兆候がなかったため、母と内縁の夫に注意・指導し、児童相談所にも連絡はしなかった。この件は警察のミスだが、児童相談所も同じことをしている。実際、近隣通報により、何度も家庭訪問していたが、担当児童福祉司は「異常なし」という判断を繰り返し、後に学校からの通告で、壮絶な虐待が発覚したケースもある。

近隣からの通報を受けたら、原則家庭訪問である。どの家庭か特定出来ない「うちの近くの家」「うちと同じマンション」という内容もある。その場合は調査のために、通報者の住所を聞き、住民基本台帳を調べ、該当しそうな年齢の子どもがいる家庭を調べ、それが複数あれば、全て訪問する。日中不在であればポストに児童相談所のパンフレットを入れ、連絡が欲しいという手紙も入れるが、それで連絡して来る人はほとんどいない。だから夜、何度も訪問することになる。

「それはうちだと思います」とあっさり認めてくれる家庭もある。「いつか通報されると思っていました」と言うお母さんもいる。訪問によって「その日は、子どもが熱を出して具合が悪くて一晩中泣いていたんです」など、理由が明確になることもある。しかし、児童相談所の訪問を快く受け入れてくれる家庭はごくわずかだ。むしろ、「虐待を疑われるなんて心外だ」と怒る人が大半なのも現実だ。児童相談所は訪問する義務があることを説明はするが、その場で泣き出してしまうお母さんもいる。訪問の後日、「児童相談所が虐待を疑ったせいで、妻がうつ状態になった。責任を取れ。謝罪に来い」という苦情の電話がかかってくることもある。確かにこれは大変だと思うが、そうしなければ虐待死は防げないのだ。

■七割は「助言」で終了

実は、虐待に関する相談は大半が「助言」で終わりになる。東京都では電話相談を含め、平成二十六年度の虐待に関する新規受理件数（被虐待相談）は八千二百十六件、そのうち五千八百五十七件が助言で終わっている。児童福祉司は、虐待に関する近隣通報を助言で終わりにしようとする。泣き声通報に関しては、受けた段階から「訪問して終わり」と決めている場合も少なくない。その終わらせ方が「助言終了」という決定である。その名の通り、児童相談所が助言をしたので、終了が適当という決定である。

近隣通報は、大半の児童福祉司は一回の家庭訪問で終了させたいと考える。援助方針会議をスムーズに通過させるために、その具体的対策を練るのが、チーム協議の場である。

例えば、訪問した家庭のお母さんが、精神的に具合が良くない、子どもに学校で粗暴な行動が目立つ、など明らかに重要なポイントを、

「それを（会議で）言っちゃうと、『終わって大丈夫なのか』と突っ込まれるから言わない方がいい」

「この文言は（会議資料から）削除した方がいい」

<table>
<tr><td colspan="5">No　○○○</td></tr>
<tr><td></td><td colspan="4">地域　　受理年月日　平成28年5月9日
児童氏名　　○○小学校　○年在籍
生年月日　　平成○年○月○日生</td></tr>
<tr><td rowspan="2">家族</td><td>実父　○○歳</td><td>実兄　○○歳</td><td></td><td></td></tr>
<tr><td>継母　○○歳</td><td>異母妹　○○歳</td><td></td><td></td></tr>
<tr><td>主訴</td><td colspan="4">相談者：学校
継母より、暴力を受け、あざを作って登校した。継母に叩かれるのは頻繁で、兄や妹は叩かれていない。食事を抜かれる事もある。家に帰るのが怖い、と担任に訴えた。</td></tr>
<tr><td>社会診断</td><td colspan="4">平成28年5月9日～平成28年6月11日　担当者：(児童福祉司名)
両親は平成25年に結婚。兄、本児が父の連れ子。両親結婚当初から本児は継母に叩かれている。兄は叩かれておらず、妹は一番可愛がられている。食事を抜かれる事もあり、父も継母の暴力を知っているが、本児が言うことを聞かないので、しつけの為、と理解している。</td></tr>
<tr><td>心理診断</td><td colspan="4">平成28年5月25日～平成28年6月3日　担当者：(児童心理司名)
痩せてはおらず、身体は年齢相応。IQ72。軽度知的障害の範囲。言葉での表現は苦手。継母に「叩かれる」とは言うが詳細は話せない。行動も遅く、指示理解も不十分な印象。大人の怒りを誘発する面があり、本児の知的な問題が、継母の暴力の原因となったと思われる。</td></tr>
<tr><td>医学診断</td><td colspan="4">平成　年　月　日～平成　年　月　日　担当者：(医師名)</td></tr>
<tr><td>総合診断</td><td colspan="4">継母は、暴力について認め、反省している。暴力については本児の知的障害が原因であったと推察され、今後は両親に、本児の障害の特性を踏まえた上でのしつけをするよう助言した。助言終了適当。</td></tr>
</table>

図3　会議用の提出資料（イメージ）

と本気でアドバイスする児童福祉司がいる。虐待に関する通報や相談の、児童相談所の組織決定の重要な会議で、隠しごとをしろ、嘘をつけ、と言っているのだ。それも、チームという仲間を支えるためだと本気で思っている。ベテランは新人を育てるため、と思っている。この悪しき風習は古くから続き、悪化している。

虐待通告があり、家庭訪問をし、親が「叱る時は叩く」と認めたのに、ベテランとされる児童福祉司は助言終了と提案した。

「注意したから、大丈夫です」

この児童福祉司はそう断言した。そして、プレゼンは明らかに矛盾だらけで、子どもは学校でも問題を起こしているのに、心理診断もせずに終了しようとしていた。

さすがに意見はいくつも出て、私も、

「心理診断は必要ないんですか?」

と質問したが、

「必要ない、必要ない」

と否定された。

当時の相談援助課長は言った。

「○○さんほどのベテランが、そう判断したなら大丈夫でしょう。信じましょう」

信じてどうする。なんの根拠もない児童福祉司の印象に過ぎないのに。

そもそも、援助方針会議で、児童福祉司の決定した方針について、意見する人間はほとんどいない。それは、児童福祉司は皆、逆に自分のプレゼンに意見されたら困ると考えているからだ。それはつまり、

「何を聞かれても、意見されても構わない。出来ることはすべてやった」

あるいは、

「隠しごとなど、何一つない」

というケースワークをしていないのだ。突っ込まれたら困ることがたくさんあるからだ。

■傷、あざがバロメーター

家庭訪問した結果、「傷・あざがなかったので助言終了」は、近隣通報の大半を占める。

まさか、家庭訪問して親の目の前で子どもを全裸にするわけにはいかないので、結局は「見た感じ」である。しかしこの「傷・あざがない」というのは、児童相談所にとって、

非常に重要な判断材料とされる。

そして、子どもに傷・あざがなく、親が虐待を否定した場合、大半の児童福祉司は、親の言葉を信じる。虐待している親が「虐待しています」と児童相談所の職員に言うだろうか。それなのに、親の言葉を鵜呑みにする。

児童福祉司の虐待に関しての助言終了の提案で、やはり非常によく言われるのは、

「家庭訪問したところ、親子関係は自然でした」

「愛着関係に問題はありませんでした」

である。

児童福祉司が、近隣通報のあった家庭を訪問し、滞在する時間はたかが数分、長くて十分くらいだろう。たったそれだけで、なぜ、こんなに重要なことが判断出来るのか。「愛着」とは、心と心のつながりであって、目に見えないものであるのに。玄関先の数分の立ち話で、児童福祉司は断言するのだ。

しつけの一環として、叱る時に叩いている、と言った親に対してすらも、

「『叩くのは絶対にしてはいけない』と助言したので終了します」

と、多くの児童福祉司は堂々と会議で発表する。

「しつけの一環」として、叩いている親は、自分のしていることは正しいことだと思っているので、素直に虐待を認める場合が多い。そして、今まで「しつけの一環」「子育ての方法として正しいこと」と思っていた親にとって、叩くことは習慣化してしまっている場合が多い。あるいは「子どもが叩かれるようなことをするのだから、仕方がない」と思っている場合も多い。だからこそ、一度きりの助言で行動が変わるはずがない。

「親は叩いている、とは言いましたが、子どもは怯えている様子はありませんでした。助言終了とします」

というプレゼンもよく聞いた。

家にいて、他人が訪問して来た時に、子どもが親に怯えていたら、それはもう異常事態だ。

そして、叩いたことを認めた親のことを、

「正直に話してくれる親御さんですから」

とむしろ高く評価する児童福祉司もいた。正直に話す、ということは、自分は悪くないと思っているからだ。

「叩いたことは認めたけれど、とても反省したので、終了します」

このフレーズも繰り返し聞いた。

「どうして反省したと判断したのですか?」

という質問も何度もしたが、納得できる答えはほとんど聞いたことがない。この判断も児童福祉司の、

「反省しているように見えた」

という印象に過ぎない。

「『もうしない』と約束してくれましたので、終了します」

というのも同じくらいよく聞いた。児童相談所が注意して、「もうしない」と約束すれば、本当に二度としないと児童福祉司は思っているのだろうか。

■「俺もやってたから」が基準になる

虐待か虐待ではないかの判断が、児童福祉司によって、あるいはその上司の管理職によって大きな個人差が生じるのが重大な問題なのだ。東京都には「虐待非該当」というカテゴリーがある。「虐待か、非該当か」の議論で会議が長引くことはとても多かった。

親は叩いたことを認めているのに、

「このくらいなら俺もやっていたから、非該当かな」

と言った管理職がいた。「自分がやっていたから虐待ではない」なんて、児童相談所の判断基準であってはならない。自分もやって来たから、あるいは、自分がやられて来たから、そんな主観的判断が児童相談所で許されてはいけないのだ。しかし、児童福祉司自身の育てられ方は、虐待の判断基準に少なからず影響を与えている。だが、それでは、子どもを虐待している親と同じだ。

「自分も殴られて育てられたから、同じようにやっています」

虐待してしまう親の中には、こう発言する者がいる。三十代以上の大人の中には「親に叩かれるのは当たり前だった」という人は少なくない。DV（夫婦間暴力）が（逆DVも）日常的であった家庭に育った大人も少なくない。しかし、自分の経験を児童相談所の判断基準にしてはならない。今は、DVの目撃も心理的虐待とされているのだ。

現実にはあまりに多くの虐待の相談件数があるのだから、近隣通報にそこまで丁寧に関われない。

児童相談所がパンクする、と考える児童相談所の人もいるだろう。だからと言って、このままで良いはずがない。

■警察からの通告は「断れない」

警察からの通告は、多くは一一〇番通報で、警察が家庭訪問した家庭についての通告である。虐待が疑われる一一〇番通報の大半は、近隣からの泣き声、怒鳴り声通報であることは既に述べた。そして警察が家庭訪問したところ、傷・あざなどの異常は認められなかったが、通報があったので、「一応」「念のために」児童相談所に連絡を入れる。この連絡が書類通告となる。

子どもの泣き声の他に、怒鳴り声通報で家庭訪問したところ、夫婦喧嘩であった時、DVの目撃も虐待であるので、この場合も書類通告で送られて来る。

夜間子どもが一人で歩いている。これは、原則は保護だが、家庭に通報し、親も必死に探していたことが分かり、家に帰した場合も、児童相談所に書類通告で送られて来る場合がある。その他は、子どもが警察に駆け込んで、親の暴力や虐待を訴えた場合、警察は即保護とはせず、まずは親に連絡を入れる。親がすぐに引取に来て家に帰したが、子どもの虐待の訴えを受け、児童相談所には書類通告する場合もある。

警察からの通告を児童相談所が断ることは出来ない。しかし、書類通告の対応は、基本は近隣通報と同じである。まして、警察が家庭訪問し、親と子どもの様子を見ていて、保護の必要はないと判断しているのである。親に対しても、注意喚起もしているはずだ。警察が来た、ということは児童相談所が訪問するよりもはるかに虐待への抑止効果は高い。児童福祉司の多くはそう考え、子どもが保育園、幼稚園、学校に所属していれば、子どもと親の様子を問い合わせる。特に問題がない、と返答されれば、警察から書類通告があったことを伝え、何かあったら児童相談所に連絡を入れて欲しい、とお願いし、終了である。

書類通告の内容によって、家庭訪問する場合もあるが、これも対応は近隣通報と同じである。人手の少ない土日祝日の近隣通報は、あえて一一〇番するよう通報者にお願いし、警察が訪問、現認すれば児童相談所は何もせずに終了するのが基本となっている。警察が現認していれば、児童相談所は「特に何もしなくて良い」と判断するのだ。

学校や保育園からの通告については、他の章の随所で書いているので、ここでは省略する。学校や保育園に任せることもあるし、子どもの現認に行くこともあるが、やはり近隣通報と同じである。やっているのは傷・あざの確認だけである。

■病院からの通告は最重視

次に、病院からの通告である。病院からの通告は最も重視される。病気、けが、または親が子どもの治療を拒否する、といった内容の通告であるので、場合によっては子どもの生命に関わるからだ。病院の方も、単なる怪我ではない、親が子どもを殴ったことなどによる怪我である、と判断した上で通告して来るからだ。

病院からの通告の中でかなりの割合を占め、そして原則保護となるのは、「ゆさぶられっ子症候群（シェイクンベイビーシンドローム）」である。赤ちゃんが激しく揺さぶられることにより、頭蓋内出血や、眼底出血などの症状が引き起こされるのである。障害が残ってしまう子もいる。親が、「子どもがぐったりしている」「意識がない」などの理由で、病院に連れて行き、そこで頭蓋内出血や眼底出血が発見された場合、児童相談所への通告となる。

最近では乳幼児突然死の中にかなりの割合で虐待が含まれているのが医師たちの間で常識となり、必ず児童相談所に通告して来るようになった。病院によっては、虐待について通告するかどうかの検討組織が作られるところも多くなっている。

シェイクンベイビーは原則保護であり、これに関しては、児童相談所は職権保護をためらわない。乳児は本当に些細なことで死に至ってしまうからだ。病院に協力してもらい、親を病院で説得し、親が説得に応じない場合は、速やかに子どもを職権保護する。そのために、親の説得は子どものいる病室で行わない。親の見えない所で説得チームとは別のチームが子どもを保護するのだ。この流れはほぼ定着している、と言ってよい。

親が自分の暴力によって子どもに怪我をさせてしまった場合も、原因不明の怪我の場合も、児童福祉司は原則として調査・面接を行うが、最終判断が児童福祉司の裁量に任されているのはやはり同じである。怪我の原因が不明なまま、家に帰してしまう児童福祉司もいる。幼児の女の子が家の中でかなりひどい火傷を負い、保護はした。しかし担当の児童福祉司はすぐに家に帰す、と会議で提案した。プレゼンでは、

「ちょっとうとうとしてしまったら、子どもがアイロンにぶつかった」

という親の言い訳を繰り返していた。幼児が家の中でアイロンにぶつかって火傷をする、というのは異常なことだ、重大なことだ、とはその児童福祉司は思わなかったのだ。

その後、児童福祉司はその家庭には一切調査をしなかったので、その親が本当に虐待をしていなかったのかは判明しなかった。しかし、再度の虐待通報は入って来なかったので、

少なくとも通告されるような虐待が起こらなかったことは安心材料であった。

病院からの通告、特に赤ちゃんに関する通告は重視され、その対応も徹底されるようになったが、それ以外の通告に関しては、関係機関からであっても児童相談所の対応は、近隣通報と大差ないのが現状である。

■怒る、怒鳴るも心理的虐待

次に、心理的虐待について書いてゆきたい。

近隣通報には、泣き声通報のほか、怒鳴り声通報もある。誰かが誰かを怒鳴っている声がする、という通報である。怒鳴り声通報も、家庭訪問して親子の様子を確認することは徹底されていると言ってよい。

しかし、親から子への暴言は軽視されがちだ。近隣や学校からの通報が繰り返されている、家庭訪問しても拒絶され、まったく話が出来ない、子どもの姿が現認出来ていないなどの状況ではない限り、「親から子への暴言」を心理的虐待と判断し、一定期間、児童相談所が指導する、と判断した児童福祉司に、私は会ったことがない。ほとんどが親に注意して、「助言終了」だ。叱る時に子どもを怒鳴るくらい、どんな親だってやっているだろうと、大半の児童福祉司がそう思っている。そして子育ての中で、子どもを怒鳴るくらいは、許容範囲だ、と。実際、

「この程度のことなら、どんな家庭でもあることですから」

と多くの児童福祉司が言う。そして、

「注意喚起したので助言終了」

である。児童相談所が注意すれば、親はもう二度と怒鳴らない、という判断は、児童相談所の会議では許される。


子どもが「家でお母さんに怒鳴られている」、と担任の先生に打ち明け、学校から連絡があったケースがあった。学校に苦情の電話を頻繁に入れて来るお母さんで、先生たちは、そのお母さんが怒るとどうなるか、その凄まじさを知っており、心配しての連絡だった。

学校を訪問して子どもと面接するのは児童相談所の一つの面接手段である。事前に親には伝えずに会わせてくれる学校も増えた。以前は親の許可なく、子どもに会わせられない、と拒否され、学校に行ってみると子どもと一緒に親が座っていることもあった。虐待に関

する問題意識が高まり、学校も事前に親に伝えることのリスクを理解してくれるようになったのだ。

親に事前に伝えると、親が面接を拒絶して子どもに会えなくなる。また、子どもに「家のことは何も話すな」と口封じをされてしまう可能性がある。だから事前に親には伝えないのだ。もちろん、面接した後で子どもが親に報告して、親から苦情の電話が入ることもある。しかし、子どもが親に伝えてしまうのは仕方ないとされている。とにかく子どもを現認して、子どもから話を聞くことが重要なのだ。

実際、学校に子どもに会いに行って、子どもの話から虐待を受けていることが明らかになり、その当日保護、ということもある。子どもと児童相談所が会うのが初めてであっても、だ。

私自身も児童福祉司と一緒に学校に子どもに会いに行き、かなりひどい虐待を受けていることが分かり、即日保護となったことはあった。ある三人きょうだいが「家に帰らなくていいよ」と伝えると学校の応接室のソファの上で、飛び跳ねて喜んだのは、今でも忘れられない光景だ。

話を戻し、お母さんに怒鳴られているという子どもに児童福祉司が学校に会いに行き、助言終了、という提案が会議に出された。

「学校に行って、様子を見て来ました」

児童福祉司は報告した。

「子どもから話は聞けたんですか？」

と質問すると、

「子どもとは、話をしていません」

と答えた。要するに、学校で、遠目から見た、ということだ。

「傷・あざもなかったですし、特に、痩せてもいませんでした。元気な様子でしたから」

遠目で見て、何が分かるのだろう。曲がりなりにも学校からの連絡であり、子どもは先生に、親から怒鳴られていることを訴えているのだ。それは怖がっている、ということだ。

「学校には、何かあったら連絡してくれるようお願いして来ました」

学校はすでに問題ありとして連絡して来ているのだ。次に何があったら連絡すればいいのか、学校だって困るだろう。そしてきっと思っただろう。「児童相談所は何もしてくれない」。

「学校は納得したのか」

確か、課長が聞いた。

「はい、納得してくれました」

納得も何もないではないか。単にお願いを伝えただけ、なのだから、学校はうなずくしかない。そのケースは数か月後に再度学校からの通告で会議に上がり、さすがに担当児童福祉司は子どもと会い、児童福祉司指導となった。

■「死ね」は虐待のサイン

私が出会った子どもたちは、驚くほどの割合で、親から「死ね」「出て行け」と複数回言われた経験があった。中には「本当に思っているわけではないからこそ、言えるのだ」という親御さんもいる。しかし、親としては本心ではなくとも、子どもは親の言葉を言葉通り信じてしまう。いじめでも、DVでも、「死ね」と繰り返し言われていると、言われている側は、「本当に死ななくてはならない」と思い込むようになる。言っている側は、その言葉を口にすることに慣れてゆく。

繰り返し、「死ね」と親に言われ続けることで、本当に死にたい気持ちを長年抱えることになってしまう子は間違いなくいる。

また、心理的虐待の情報が入った時に、重要で、調査すべきなのは、心理的虐待だけか、ということとである。日常的に「死ね」「お前なんか生まなきゃよかった」「出て行け」と、子どもを怒鳴りつけている親は、本当に怒鳴っているだけだろうか。私の経験では、少なくとも「死ね」「出て行け」と日常的に言う親は、食事を抜いたり、ベランダに閉め出したり、玄関の前に立たせたりしていた。

本気で思っていないから言えるのだ、と親は言う。しかしその言葉を口にした瞬間は、子どもの顔を見たくないという気持ちはあるのだ。そして、

「痛い目に遭わせないと分からない」

そう考える親は少なくない。いくら、親からは見える場所に子どもがいると言っても、閉め出しは子どもの心の傷として残る。置き去りもそうだ。買い物に行って、子どもが言うことをきかないから、とその場にしばらく一人だけにする。街でも「じゃあずっとここにいなさい」と言っているお母さんはよく見かける。親はすぐ迎えに行くつもりであっても、親が急にいなくなるのは、子どもにとっては「捨てられた」と感じられ、心の傷として残り続ける。

食事を抜く、というのも、「痛い目に遭わせて学ばせる」しつけの一つと考える親がい

る。ずっと食事を与えない訳ではない。今日だけだ。そう思うと、食事を抜くハードルはぐっと下がる。一度、しつけの一環として親がしたことは、すぐに日常となる。そして子どもの心の傷は深まってゆく。

■DVは目撃するだけでも傷つく

DVの目撃も、深刻な心理的虐待だ。しかしDVを目撃し続けた子どもの心の傷も、児童相談所は重要視しない。

明らかに、お父さんからお母さんへの暴力が頻繁であり、お母さんは子どもを連れて家を出て、戻って、を繰り返していた家庭があった。せっかく家を出ても、戻ってしまう。DVではよくあることだ。その理由はいくつかある。

「いつか見つけ出されてしまう」

「結局連れ戻される」

「言うことを聞かないと、もっとひどい目に遭わされる」

「『もうしない』と約束してくれた」

「心の底から反省してくれた」

「殴りさえしなければ良い人だから」

事実、映画やTVでも知られているように、妻に暴力を振るう夫は、暴力を振るった後、深く反省している態度を示す。そして、一時的にとても優しくなる。問題なのは、そこまで本当に反省するのに、衝動を抑えられない、ということだ。

虐待と同じだ。虐待され続けた子どもは、親の「もう殴らない」という約束を、それまで何度も破られているというのに、また信じたくなる。親に、夫に、GOODな時とBADな時の両方があると、大人だって子どもだって、GOODにすがりたくなる。「自分さえ良い妻であれば」「自分さえ良い子にしていれば」相手も、「良い夫でいてくれる」「良いお父さん、お母さんでいてくれる」と信じたいから、必死に努力する。そして、約束を信じようとする。

この心理はアルコール依存症者の妻や子どもにも共通している。「お酒さえ飲まなければ、良い夫だから」とアルコール依存症者の妻は一様に言う。お酒を止められないこと自体が問題だというのに。そして「もう絶対飲まない」という言葉を信じて、一緒に居続ける。そしてまた、裏切られる。

DVにしても、アルコール依存症にしても、その被害に遭っている配偶者に、「あなたの夫婦間で起こっていることは異常事態です」と教えてあげることは大事なことだ。虐待も同じだ。「あなたの親が、あなたにしていることは許されない行為」と子どもに教えてあげるのは、児童相談所の重要な役割だ。

DVの目撃は立派な虐待だ。そのことを子どもに教えてあげなくてはならない。

それなのに、前出の、娘を連れて家を出て、戻って、を繰り返すお母さんの担当児童福祉司は会議で言った。

「子どもは、学校では、元気で明るく優秀で、リーダー役を務めていると学校から聞いたので、終了します」

学校に元気に通っているのは「虐待ではない」という判断材料にはなり得ない。家庭の中でお父さんから暴力を受け続けるお母さんを見続け、元気で明るく優秀な方が間違いなくおかしい。児童福祉司は学校から傷・あざの連絡があっても学校に一任するだけなのに、虐待がない方向の情報は重要視する。私は質問した。

「それは、子どもの過剰適応じゃないのですか？」

虐待されている子の中には、過酷な状況の中でも、子どもがその状況に耐え、過酷な状況の中にいることをまったく周囲に気づかせず、むしろ「優等生」として行動する子どもがいる。親に対しても、不満は言わない。苦しみも訴えない。この過剰適応の傾向は、大人になっても続く場合が多い。辛いことに耐える力だけが強くなり、周囲に助けを求めない。

助言終了としてしまうことに対し、ずいぶん長く意見したが、最終的には助言終了という提案が通った。誰に何を助言したのかまったく分からなかった。

私は「保護した方が良い」と意見したわけではない。せめて子どもに直接会って、子どもの心理状態を把握・分析し、「暴力を見ているだけであっても虐待だ」ということ、そして「本当に辛くなったら逃げておいで」「助けてあげるよ」と伝えるべきだと主張しただけだ。しかし、その児童福祉司は、本当に分からなかったのだ。子どもがどんなに苦しいか。そしてＤＶを目撃した子どもが、どれだけ苦しい人生を送るかを。その親子は間もなく転居した。最悪のパターンに終わった。

■アルコール依存症の親を介抱する子ども

親がアルコール依存症であることも、ＤＶ同様、深刻な心理的虐待である。夫が、妻がアルコール依存症でも夫婦関係を続けたい人はいる。それは大人の選択なのだから自由だ。

しかし、そこに子どもを巻き込むのは許されない。

アルコール依存症の親を持つ子どもは、DVを見続けた子と同様に「自分さえいい子にしていれば」という思いが非常に強い。お父さんは、お酒さえ飲まなければ良いお父さんだ。自分さえいい子にしていれば、きっとお酒を飲まない、良いお父さんでいてくれるだろう。子どもは、そう信じている。そしてお父さんも約束する。妻に、子どもに「今度こそ、お酒をやめる」と、必ず破る約束を繰り返す。その都度、子どもは傷つき続けるのだ。

お父さんがお酒の飲み過ぎで具合が悪くなれば、子どもは必死で介抱する。水を飲ませてあげ、布団を敷いてあげ、じっと傍にいる。このまま、死んでしまうのではないか、と不安なので、傍を離れられない。DVもそうだが、アルコール依存症者の子どもは、常に親のことを心配している。学校にいる間も、自分が家にいない間に、親が泥酔して道路で寝てしまい、警察に保護されていないか。家で飲み過ぎで苦しんでいないか。警察に迎えに行ってあげなきゃ、救急車を呼んであげなきゃ、子どもは考え続けている。

しかし、児童相談所は親がアルコール依存症である、という理由では子どもを保護しない。親のアルコール依存を「虐待」と捉えない児童福祉司も多い。

親がアルコール依存症であることが子どもに不安を抱えさせ続けるだけが問題なのでは

ない。アルコール依存症は、確実に生活に、そして子育てに支障を来す。

お母さんがアルコール依存症で料理が出来ない、特に朝は起きられないので、運動会や遠足は、中学生の男の子がコンビニでおにぎりを買って、自分でラップに包み直して、作ってもらったかのように見えるように工夫してお弁当を持って行った。そのお母さんのアルコールの問題は進行し続け、ある日、炊飯器には虫が湧いた。その炊飯器を洗ったのも、息子だ。その子は母親を見捨てることが出来ない、と家にいることを選択し続け、母親が肝臓疾患により長期の入院となり、親戚と同居することになって母と離れられたが、高校には進学出来なかった。

他のアルコール依存症のお母さんは三十代で発症し、進行も早く、数年でトイレに行かれなくなり、おむつをするようになった。そのおむつを買いに行くのは、小学生の息子だった。それでも、担当の児童福祉司は、子どもを保護しなかった。アルコール依存症によくあることだが、母親は一時的に回復し、しかし再発し、同様の状態になった時、学校が通告して来て、施設入所となった。

繰り返すが児童相談所は、親がアルコール依存症であるという理由だけでは、子どもを保護しない。しかし、子どもの心の状態を把握し、そして伝えてあげるべきだ。あなたは悪くない。お父さん、お母さんがお酒を飲むのは、あなたのせいじゃない。そして、あなたが努力しても、お父さん、お母さんはお酒をきっとやめられない。だから、辛くなったら逃げておいで、と。

いつまでたっても、児童相談所が子どもたちに「子どもの逃げ場」として認知されない理由の一つは、児童相談所が子どもに伝えていないからだ。「逃げておいで」「助けてあげるよ」と。そして、虐待を受けている子ども、特に心理的虐待を受けている子どもは、自分の家庭で起こっていることが、異常であることに気づいていない。だからこそ児童相談所が教えてあげるべきなのだ。あなたのいる環境は、耐えるべき環境ではないことを。

■ネグレクト家庭の悲しい食卓

大阪で、母親が子ども二人を家に置き去りにして遊び歩き、子どもが餓死してしまった事件を記憶している方も少なくないだろう。だからさすがに児童福祉司も、ネグレクトが虐待死につながる場合があることは意識している。しかし、ネグレクトの判断基準も児童福祉司による個人差は大きい。

ネグレクトの中身としては、食事を与えない、衣服が汚れている、家が汚い、夜間、親が不在である、医療行為を受けさせない、などがある。

医療行為を受けさせない、ということに関しては、児童相談所は重大視する。生命に関わるから当然だ。特異な例だが、西洋医学を信じない、などの強いこだわりを持つ親はいる。そして親の強いこだわりは、児童相談所の指導だけでは変わることはない。だから児童相談所は、医療行為を受けさせない親に対しては、親権を停止する場合もあり、家庭裁判所の親権停止の仮処分決定は土日を含め、スピーディとなった。

しかし、食事に関しては、「とりあえず、食べさせている」ということが分かると、保育園や学校、福祉事務所などから虐待の通報があっても、助言終了とする場合が多い。この場合、食事の中身は検討されない。大事なのは食べているか、食べていないか。食べている、には家の中に食べ物がある、ということも含まれる。つまりは子どもが死ぬか、死なないか、だ。

私は担当となった子どもに、

「好きなご飯は何？」

とよく質問していた。食事内容は、子どもに対する親の関わり方がよく分かるからだ。

「卵かけごはん！」

「ふりかけ！」

と元気よく答える子がいた。とりあえず、食べてはいる。でも卵かけご飯やふりかけが好き、ということは、子どもにとってそれが「ごちそう」であることを意味している。

「ふりかけ！」

と元気よく答えた子は、幼児の女の子であったが、関係機関の必死の情報収集の末、叱られると玄関に数時間立たされている、という虐待も発覚し、保護となった。保護中に食事内容をさらに詳しく聞いてみると、

「毎日、ママがご飯に何をかけてくれるかが楽しみなの！」

と答えた。食事は毎食、ふりかけなど何かをかけた白いご飯だけだった。生活保護のシングルマザー家庭だった。その後、子どもは施設入所となった。

食事の内容は重要だ。親が一切調理をしないので、自分で残ったご飯をよそい、冷蔵庫にあるものでご飯を食べていた男の子は当時まだ五歳だった。それなのに、その情報だけ

では、児童福祉司は保護とは判断しなかった。後に、ご飯がなくて、冷蔵庫にそのまま食べられるものがなければ、水を飲んで空腹に耐えている、ということが分かり、ようやく保護となった。本来ならば、五歳の子が炊飯器の中で冷たくなったご飯を自分でよそっているだけで、十分な保護の理由だ。間違いなく必要な栄養が摂れていない。

冷蔵庫に食べ物はあっても、親の許可なく、冷蔵庫の物に手を付けるのを禁じられている子もいる。子どもにとって親の禁止は絶対だ。そして勝手に食べれば親は激怒する。冷蔵庫にチェーンをかけ、鍵をかけていた親もいた。とりあえず、食べてはいて、痩せてもいなかったが、

「お母さんは優しい時、何してくれる？」

と質問したら、

「ご飯を作ってくれる！」

と答えた子もいた。普段は作ってくれない、ということだ。

最低限、食べてはいても、親から子どもとして粗末に扱われていれば、食べることに関して制限されていれば、ネグレクトだけではなく、心理的虐待も並行しているということだ。しかし、児童相談所は、「とりあえず食べている」ということを重視する。食べてさ

えいれば、死ぬことはないからだ。

衣服の汚れや家の汚さは、これこそ児童福祉司によって許容範囲が異なるものだ。家の中がゴミだらけで、ネズミやゴキブリが走り回っている。これはさすがに保護だ。虐待以前に人間が生活する場所ではない。しかし児童相談所で働いていると、許容範囲は広くなる。

「確かに家は汚いけど、床は見えますから」

床が見えるのは、児童福祉司にとって子どもを保護しない理由として重要だ。しかし、それが人間が生活する環境の基準なのか。

衣服の汚れは、子どもが保育園や学校に所属していれば、先生からの指導をお願いして終了の場合が多い。先生から注意すると、改善する親は確かにいる。しかし中には一時的で続かない親がいる。その場合も、学校に「指導を続けて下さい」とお願いする。児童相談所は直接何もしない場合が大半だ。洋服が汚れているだけだからだ。しかし指導しても続かない親は「出来ない」親と判断すべきだ。さすがに衣服の汚れだけで児童相談所が保護すべきだ、とは言わない。しかし、親やきょうだいの着ている服と著しい差がないか。

季節に合わない服を着ていないか。サイズの合わない服を着ていないか。これは洗濯さえすれば良い問題ではない。親が差別しているか、子どもに無関心か、子どもにお金をかけたくない、と思っているか、その点を見極める必要がある。

■親の愛情は成長の栄養

ネグレクトは、年齢が高ければ「大丈夫である」と判断されがちである。自分で食べることが出来る、自分のことは自分で出来る年齢であるというのだ。しかし、親の禁止は子どもにとって絶対である。年齢は関係ない。もう高校生なのに、親に「勝手に食べるな」と言われ、水すらも飲んではいけない気がして、喉が渇くと近所の公園に水を飲みに行って飢えをしのいでいた男の子がいた。

ある中学生の女の子は空腹に耐えられず、冷蔵庫の中のものを食べたら怒られる、キッチンを勝手に使っても怒られる、と乾燥パスタをそのままかじって飢えをしのいだ。

そしてネグレクト、子どもへの無関心や心理的に虐げることは、子どもの身体の成長だけでなく、心の成長を妨げる。しかし心の成長の妨げは、現状では、児童相談所が子どもを保護する理由にはならない。

体と同じで、心も栄養を与えられないと育たない。心の栄養とは、愛情である。子どもは、親に「大切にされていない」ことはどんなに幼くても気づく。すると、自分はダメな子だ、いらない子なのだと思ってしまう。そして、「自分なんてどうなっても良い」という自暴自棄な感情を抱くため、良い子になろうとか、頑張ろうという意欲が無くなる。心は、愛情を注がれていない、と感じた年齢で成長が止まるのだ。

子どもは、褒められれば褒められるほど、褒めてもらえる行動を増やしてゆく。お母さん、お父さんを喜ばせたいと思う。叱られることは減らそうと思う。だから、関心を向けてもらえない子、自分の努力によっても愛情を得られない子は、行動が成長して行かない。それはつまり、心が成長していない、ということだ。叱られる時だけしか関心を向けてもらえない子は、叱られる行動を繰り返すしかない。そして叱られる行動をエスカレートさせる。自暴自棄な感情が加わり、犯罪にまでいたってしまう子もいる。そして、何をしても怒鳴られ、様々なことを禁止されて来た子は、自分で何一つ判断出来ない、自発的に何も出来ない大人になる。しかし、児童相談所は今現在の子どもの状況しか見ず、このままこの親の元で育つと、子どもはどんな大人になり、どんな苦しみを抱えるかを、考えない。

第4章　なぜ虐待はなくならないのか——力量不足の児童福祉司たち

この章では、児童相談所が相談を受け付けてから、どのように虐待された子どもたちに関わっていくのかについて説明していく中で、児童相談所が抱える問題、特に児童福祉司の問題について見てゆきたい。

■児童福祉司問題の核心

児童相談所が虐待として受理した家庭に継続的に関わるのが児童福祉司指導である。児童相談所の継続的な関わりについては、「継続指導」というものもあるが、こちらは法的措置ではなく、違いもあまり重要ではないのでこの本では省略する。

児童福祉司指導とは在宅指導である。詳しく説明すると、児童福祉司指導にもいくつかの種類があるが、ここでは親子が一緒に住んでいて虐待の行われている家庭への指導について書く。

指導の中身もやはり、全て児童福祉司の裁量に任されている。

児童福祉司指導の中で、親、子どもに対して、どの位の頻度で、どんな指導をすれば良いのかは、それぞれの家庭によって違うし、虐待の内容・程度によっても異なる。しかしながら、問題なのは、そこに全く何の基準もなく、全てが児童福祉司の独断によって決定されるということだ。児童福祉司指導中に、児童心理司が子どもの心理面接、心理ケアを行うかどうかも、児童福祉司の判断に任されている。児童心理司は児童福祉司からの依頼がなければ、虐待を受けた子どもとの面接はしないのだ。

指導中であっても、ほとんど何もしない例も珍しくない。学校や保育園などの子どもの所属先に「何かあったら連絡下さい」とお願いして連絡がなければ何もしない、ということは児童福祉司指導の基本だ。しかし虐待に関しては、定期的に「虐待進行管理」という会議が開かれ、管理職が児童福祉司が何をしたかをチェックする。さすがに関係機関にお任せしただけでは許されない。だから虐待進行管理の直前に、様子を聞くための電話はする。その電話で親が、

「変わりありません」

「叩いていません」

と言うと、その言葉をそのまま会議で報告する。そして、二～三か月で、児童福祉司指導を終了してしまう児童福祉司は少なくない。虐待ケースは担当として持っていたくないからだ。

また、虐待で児童福祉司指導となっている家庭の親は、児童福祉司が家に電話をするだけで、嫌がる。だから家庭には連絡せず、学校に様子を聞き「変わった様子はない」と確認出来れば、それだけで終了とする児童福祉司もいる。

それで会議は通るのか――通るのだ。

「家に直接電話をすると、むしろ拒否されて、何も話してくれなくなるので、学校からの情報にとどめておきました」

と児童福祉司が言ってしまえば済むことだ。

■うつ病のお母さんを放置した結果

「便りがないのは良い証拠」

と考える児童福祉司もいる。いや、そう考えようとする、が正しいだろう。学校や保育園からなんの連絡もないので、何も起こっていない、すなわち虐待はない、と判断するのだ。自らは何もせずに、だ。

児童相談所においては、便りがないのは良い証拠とは限らない。以前は、時々電話をして来たお母さんからの電話がなくなり、児童福祉司が電話しても出ない、という状態が続

いた。子どもは学校に通っている、という情報が入っていたこともあり、

「いつも、自分から電話してくるお母さんだから、何かあれば電話して来るでしょう」

と児童福祉司は判断し、特に何もしなかった。

しかし、少しして学校から、

「子どもが、『お母さんはずっと寝ている』『もう食べるものがない』と言っています」

と連絡が入った。慌てて家庭訪問したところ、もともと、うつ病であったお母さんの状態は悪化し、ほぼ寝たきりで、水すらも自力では飲みに行けない状態であった。まだ小学校低学年であった子どもは、食べるものを探して食べ、お母さんにも水を飲ませ、自分で用意して学校に通っていた。お母さんが入院となり、子どもは保護となった。児童福祉司は、その時まで、いつも電話して来るお母さんが電話をして来なくなったことを「異変」とは気付けなかった。


あまりに頻繁に電話をして来るお母さんのことを、児童福祉司は煩わしく思う。確かに、些細なことで電話をして来て、長々と話すお母さんはいる。なかなか電話を切れないお母さんもいる。

児童福祉司によっては、虐待で関わっている親からの電話に居留守を使う。ある児童福

祉司は、不在時に電話が入り、「緊急だから、折り返し電話が欲しい」というお母さんからの伝言を聞き、

「あ、このお母さん、いつも緊急だから、電話しなくて大丈夫」

と言った。本当の緊急事態だったら、どうするのだ。お母さんの他愛もない長い話を聞いてあげることが、虐待の防止につながることもある。毎回、とは言わない。他の仕事を押しのけて、とも言わない。しかし、イライラや悲しみ、疲れ、やるせなさ、むなしさを抱えたお母さんたちが、話し相手を見つけられず、心にたまったマイナスの感情を子どもに向けてしまうことはあるのだ。

■叩く、注意する、また叩く

児童福祉司指導の中で、月一回親子を呼びだす、あるいは、定期的に学校で子どもと面接するというのは、現在の児童相談所では丁寧に関わっている方だ。しかし一番問題なのは、話す内容だ。

ほとんどすべての児童福祉司は、どうすれば虐待を抑止出来るかを知らない。児童心理司も同様だが、なぜこの家庭で虐待が起こっているのか、どうしてこの親が子どもを虐待

するのか、その原因が分析出来ていないのだから、解決方法が分かるはずがない。だから、ほぼすべての児童福祉司は、「虐待してはいけない」と繰り返す。

そして、親が「叩いてしまった」と言ったら、

「ダメじゃない。次からは、叩かないようにして下さいね」

と電話で注意する。これが児童福祉司指導の実態だ。

ある児童福祉司は、子どもをかなり激しく殴ったお父さんに対して、

「お父さんダメだよ、殴っちゃ。殴ったら、ほら、『これ』になっちゃうから」

と手錠をかけられる仕草を、笑いながらした。これも児童福祉司の指導らしい。

こんな中身なのに、虐待に関する事件が起きると、児童相談所は公的に「児童相談所として、適切な指導をしていました」と発表するのだ。

言葉の上だけで、正義感を振りかざす児童福祉司もいる。多くは過剰な自信を持つ児童福祉司だ。

「虐待は僕が、許さないからね」

と、親に言う。虐待は、児童福祉司個人が許す、許さないの問題ではない。そして子ど

もには、

「僕が絶対守るからね」

と言う。子どもに「守る」という約束をする児童福祉司は山ほどいるが、その約束こそ、守られない。子どもが、

「叩かれた」

と言えば、親に注意する。次から叩かないように、親に約束させる。そして親がまた叩けば、また注意する。ほとんどの児童福祉司は児童福祉司指導の中で、これを繰り返している。これは、子どもを守ることになってなどいない。


親が「この子が言うことを聞かなくて、だから叩いてしまうんです」と言うと、殴られている子どもに対して、

「お父さん、お母さんの言うことをちゃんと聞くように頑張らないと」

という児童福祉司も多い。子どもにそう伝える、ということは、

「叩かれるのはあなたが悪いからだ」

「叩かれないように努力しなさい」

と言っているのと同じだ。悪いのは、虐待する親ではなかったのか。子どもは、さらに大人を信じられなくなる。

今まで連絡が取れていた、あるいは親子で通ってくれていた家族が、突然連絡が取れなくなったり、あるいは来なくなってしまったらどうするか。

「所在不明」となった場合、全国に通知を出すことは徹底されている。

施設から子どもが家庭に戻った時など、「虐待」というレッテルを貼られているのに耐えられない、と転居する親もいる。しかし、転居したからといって、虐待の事実が消える訳ではない。他の自治体に転居したとしても、児童相談所は、転居先の管轄の児童相談所に連絡を入れる。住民票を移さずに転居してしまった場合には、子どもの転校手続きが出来ない、など多くの問題を生むため、ハイリスクという判断で全国に情報を流すのだ。

転居はしていないが、電話にも出ないし、呼び出しには応じなくなった。その場合はどうするか。

これは危険信号としてとらえるべきだ。親の心情が何らかの理由で大きく変化したのだ。

しかし、このような事態に陥っても、子どもの保護と同様、児童相談所は強硬なことはしない。親との敵対を防ぐためだ。無理な家庭訪問はしない。児童福祉司は、常に親の了解の得られる範囲での関わりにとどめたい。

確かに、突然の家庭訪問によって、親の児童相談所への拒否感が強まり、子どもを家から出さないなど、さらに頑なになってしまっては困る。事実、関わりを拒否されながらも家庭訪問を繰り返すことによって、ますます児童相談所への拒否感を強めてゆく親はいる。

では、児童相談所に来なくなった、連絡が取れなくなった家庭に児童福祉司は何をすべきか。

相模原市児童相談所がしたように、一度は学校に会いに行くだろう。様子を見に行くだろう。しかし子どもが叩かれていない、と言えば、それで安心する。後は学校に任せる。

子どもが叩かれている、と言っても、

「じゃあ、お父さん、お母さんに注意しておくね」

と言って、親に連絡するだけだ。あるいは、やはりこれも得意の、

「次に叩かれたら、また教えてね」

と言うだけだ。「叩かれた」と児童福祉司に報告したところで事態は何も変わらない。

子どもたちは学んでいく。そして学んだ子どもは児童福祉司と会っても何も話さないか、会うことを拒絶するようになる。意味がないからだ。

■もみ消されるか細い声

「親に叩かれた」

と告白した子どもが、

「でも、お父さんお母さんには内緒にして」

「家には連絡しないで」

と言った時、児童福祉司はどうするか。学校の先生はよく経験することだ。そういう時にどうしたら良いかを児童相談所に相談して来る学校も多い。


子どもが内緒にして欲しいと言ったら、親には連絡すべきではない、と私は思っている。ただし、二度目の内緒はなし、だ。内緒が繰り返されるのであれば、子どもは間違いなく親に怯えているのであり、保護して、より詳しい話を聞かなくてはならない。子どもを親から離し、安全を保証した所で話を聞く。そうでなければ子どもは本当のことを話せない。間違いなく、もっとたくさんの「内緒」を抱えているのだ。

しかし、子どもから話を聞いた上で、

「虐待なんだから親に連絡しない訳にはいかない」

と子どもの気持ちを無視して、親に電話してしまう児童福祉司がいる。児童福祉司指導中なのだから、それが児童福祉司の役割だと思っている。児童相談所が子どもの言葉を親に伝えることによって、虐待がさらにエスカレートすることを予想出来ない児童福祉司がいるのだ。そんなことをすれば、子どもはさらに児童福祉司に心を閉ざす。二度と本当のことなど、話してはくれない。

子どもの、

「家には連絡しないで」

という言葉を守り続ける児童福祉司もいる。しかし、子どもの言う通り、親に連絡しないだけで、その他には何もしない。そして、最悪なのは、何度も内緒を繰り返すだけ、という児童福祉司だ。話を聞くだけ。記録に残すだけ。子どもが何をして欲しいかも尋ねない。家を離れたいかどうかも尋ねない。あるいは子どもが、

「家に帰りたくない」

と言ったとしても保護しない。一時保護所がいっぱいだから。親の同意が取れないから。

だから、家に帰るように説得する。

「また、話を聞きに来るから」

というだけで。我慢しろ、ということだ。辛くても、痛くても。

危険信号ととらえるべきであるのに、児童福祉司指導中に親と連絡が取れなくなっても、子どもが学校に通っていれば、自ら学校を訪ねることなどしないで、学校に見守りを依頼するだけの児童福祉司も多い。ここでまた、得意の、

「何かあったら連絡して下さい」

である。

児童福祉司指導中は、新たな虐待に関する情報が入っても、それは虐待通告とはならない。その情報の重要性と処理の仕方は児童福祉司に一任されている。だから、子どもに傷・あざがあると学校から連絡が入っても、

「写真を撮っておいて下さい」

「詳しい事情を聴いておいて下さい」

と頼む。後日写真が届くと、

「写真だとあざが分からないんだよね」

「もうあざが薄くなってから撮った写真だから見えないんだよね」

と文句を言う。写真を撮ってくれ、と頼んだのは自分だ。写真で分からないのなら、自分で確認しに行くべきだ。

子どもが家に帰りたくない、と言っている、と学校から連絡があっても、

「学校で詳しく話を聞いておいて下さい」

と頼む。あるいは、

「とりあえず、今日のところは家に帰るように言って下さい」

と先生に言う。子どもがちゃんと家に帰るのを見届けるために、先生に家まで送って欲しいと依頼する児童福祉司もいる。いきなり、いつもと違い、先生が家まで子どもを送ってきたら、親は驚くはずだ。何かあった、と思うはずだ。子どもが何か話したのではないかと疑う親がいてもおかしくない。それなのに、その後どうするのか、何の見通しもないまま、先生に子どもを送り届けることを頼む児童福祉司もいる。

児童相談所が「児童福祉司指導」として継続して関わっていても、児童相談所は、虐待をなくすため、子どもを守るために何もしていないということだ。

■相談窓口は一つになったが……

平成十九年、児童相談所と子ども家庭支援センター間の虐待相談の対応に当たっての情報提供・援助要請・ケースの引継ぎ等に関する基本ルールが策定された。これが、児童相談所と市区町村間における「東京ルール」と呼ばれる。

子ども家庭支援センターとは、市区町村の子ども・家庭についての相談窓口である。平成十六年の児童福祉法改正により、市区町村が、一義的窓口に位置付けられた。東京都は平成七年より地域に子ども家庭支援センターの設置を働きかけ、現在では都内に六十か所ある。

このルールが出来たのは、児童相談所と、市区町村の相談窓口の連携強化が目的とされている。しかし実際は、児童相談所と、子ども家庭支援センターは全く連携出来ない状態が続き、もめ続けてきた。その責任は児童相談所にある。

児童福祉司は、とにかく子ども家庭支援センターへ文句ばかり言っていた。

確かに子ども家庭支援センターは、児童相談所に比べると、その歴史は浅い。スタッフも専門家ばかりではない。しかし、児童福祉司にしても、福祉や心理の専門家ではなく、事務職や地方公務員が人事異動で児童相談所に配属されただけである。にもかかわらず、児童福祉司になった瞬間、自分が専門家であるかのような錯覚を抱いているに過ぎない。

特に、外部の人間に対しては、その傾向が強まる。それが態度に表れる。児童福祉司は、子ども家庭支援センターのことを見下しているのだ。自分のことを棚に上げて、「知識がない」「判断力がない」と決め付ける。年数を重ねた児童福祉司が、そうした態度を取るのを見て、一年目二年目の新人児童福祉司も同じように子ども家庭支援センターからの連絡をおろそかに扱うようになる。

「そのくらい、子ども家庭支援センターで対応して下さい」

という言葉は、どの児童福祉司も電話で言っていた。そして電話を切った後に、

「まったく、判断力がなくて困るよ」

と周囲に文句を言う。

「なんでもかんでも児童相談所に連絡すればいいと思っていて、困る」

「どう対応したらよいかなんて、自分で考えてくれよ」

児童福祉司は皆、そう言っていた。仕事を増やしたくない児童福祉司は、子ども家庭支援センターからの相談の大半を突っぱねる。

だからと言って、何か具体的アドバイスをするわけではない。「どう対応したらよいか分からないから教えて欲しい」という電話であっても、だ。相手は教えを乞うているのに、児童福祉司は「自分で考えろ」と言う。具体的なアドバイスをして、子ども家庭支援センターを成長させることは児童相談所にとっても重要なことであるにも関わらず。

■「面倒だから受け流す」という悪癖

東京ルールが整う前、子ども家庭支援センターがどれだけ児童福祉司に虐待に関する家庭の情報をきちんと伝えても、児童相談所は「受けていない」と平気でつっぱねていた。実際は聞いているにも関わらず、

「あんなの単なる立ち話だよ」

と言って。常識で考えて、市区町村の相談窓口が、児童福祉司に虐待に関する相談を伝えるのが、立ち話のはずがないではないか。

だから以前は、児童福祉司が子ども家庭支援センターから話を聞いていながらも、児童福祉司の所で話は止まり、埋もれてしまう虐待相談がたくさんあった。

小学校一年生の女の子が保護された時のことだ。休みの日に公園に一人でいるところを学校の先生が見かけ、声をかけたところ、「家に帰りたくない」とその子が言ったことで保護となった。ゴミ屋敷のような家の中で、母の内縁の夫から、エアガンで撃たれるなど壮絶な虐待を受けていた子だった。しかも、その家庭については、数年前に、「とんでもなく部屋が汚い家庭に子どもがいる」と子ども家庭支援センターから、児童福祉司に何度か連絡が入っていた。児童福祉司は電話を受け、

「家が汚いくらいで児童相談所に電話して来ないで欲しい」

と怒っていた。その子の担当となった私は、母も逃げるように家から出た、と聞き、新たに担当となった児童福祉司と家庭訪問した。部屋はがらんどうだった。大家さんに聞くと、部屋が汚れ過ぎて、異臭が激しく近隣からの苦情も出ていたため、大家さんが業者に頼んですべてを撤去したとのことだった。

第一報を受けた児童福祉司が、子ども家庭支援センターからの情報をきちんと相談として受けていれば、子どもはもっと早く救えたのだ。

平成十六年の児童福祉法の改正により、市区町村には「要保護児童対策地域協議会」が

設置されるようになり、子ども家庭支援センターはそのコーディネーターとされているため、虐待に関する会議出席要請を児童福祉司が独断で断ることは減った。しかし以前は子ども家庭支援センターからの出席要請を児童福祉司が断ることはとても多かった。

「まだ児童相談所が関わる段階ではない」

「行く必要はない」

「地域で見守れば良い」

仮に、まだ地域での見守りの段階で、児童相談所が関わる必要はなくても、会議に出席して、地域は何をすべきか、何をして欲しいか、そのやり方を含め、アドバイスするのは児童相談所の役割だ。子ども家庭支援センターには、「力量がない」「判断力がない」と評価しているのなら、なおのこと、成長させるためにアドバイスをするべきだ。

しかし、それをやっている児童福祉司、それが自分の仕事だと思っている児童福祉司はほとんどいない。私は、

「虐待が疑われる子どもの関係者会議を開いて、関わり方について、スーパーバイズして欲しいんですが、児童福祉司さんは誰も来てくれないので、来てくれませんか」

と子ども家庭支援センターに頼まれたことがある。本来なら、それは児童心理司の仕事

ではない。そしてプライドの高い児童福祉司たちには癇に障ったことだろう。しかし、誰も出席する、とは言いださなかった。面倒なことは、他の人にやってもらった方が楽だからだ。

私は、講演でも常に、

「地域や関係機関の方は、虐待かどうかの確信を得ようとしなくて良いですし、虐待の程度、つまりは『重い』か『軽い』かは、判断しなくて構いません」

と話している。その判断は、専門機関である児童相談所のやるべき仕事だ。しかし、現実の児童相談所は、虐待の確証がなければ動かないし、子ども家庭支援センターに程度を判断しろ、と言う。もちろん、子ども家庭支援センターにもその見極めの力は必要だ。しかし、子どもを保護する権限を持つのは児童相談所だけである。だから、虐待に関する最終判断は児童相談所にしか出来ないのだ。しかし実際には、児童相談所は、

「この程度で」

と相談を受けないことがあるし、

「虐待の程度は子ども家庭支援センターで判断しろ」

と言うのだ。

■関係機関にまで及ぶ不信感

児童福祉司は、相談を受けてくれない。関係機関の印象は、強まる一方だった。それでもどうしても相談したい人は、相談を聞いてくれるであろう人に相談する。あらゆる相談を熱心に受ける児童福祉司はまれにいる。だからその人に仕事は集中する。

私自身も、「児童福祉司に話しても誰も聞いてくれないので」と子ども家庭支援センターや教育委員会から相談を受けたことがたくさんある。児童心理司は相談を受ける立場にはない。児童心理司が、直接関係機関の人にアドバイスして良いのは「児童福祉司に頼まれた時」だけだ。

だから私の所に相談の電話が入ったら、当然、児童福祉司に伝えて、相談として受けてもらう。しかし、担当の児童福祉司が決まったことを伝えても、関係機関が頑なに私にしか電話して来ないこともあった。児童福祉司への強い不信の結果だ。その電話の内容は、もちろん児童福祉司にも、上司にも伝えていたが、私にばかり電話がかかってくるのが、児童福祉司としては相当気に入らなかったらしい。

「児童心理司なのに一人で勝手に動いている」

と上司に苦情を申し立てられた。

そもそも私は、やれる人がやれることをやれば良いと思っている。児童心理司が相談を受けて、アドバイスをしても良いと思う。児童心理司こそ、答えるべき相談があるのも事実だ。しかし、児童相談所の機能が、児童福祉司のプライドの高さが、いつもそれを阻んでしまう。


関係機関からの最初の連絡を、中身を吟味せずに突っぱねると、虐待が悪化した時に再度連絡が入る。初期対応を丁寧にしていないと逆に仕事が増えることに児童福祉司はいつになったら気づくのだろう。近隣通報同様、関係機関からの通告に一度児童相談所が関わると、一通りの対応をしなくてはならない。しかし児童福祉司としては、早く終わりにしたいので、半ば力技で相談を終え、子ども家庭支援センターでの見守りを依頼して終わりにする場合も多い。だが、終わりにしたとしても、虐待という根本的な問題が解決された訳ではないのだから、結局、子ども家庭支援センターから再度通告が入ることになる。二度目の虐待通告は、児童福祉司の恥だ。しかし、そう思う児童福祉司はほとんどいない。

「注意したのにまた虐待した」

「子ども家庭支援センターの指導力がないからだ」と責任転嫁する。そうではない。児童福祉司が、虐待の程度、再発のリスクの判断を間違えたせいなのだ。

■ルールを作るということは、深刻化しているということ

東京ルールが出来て、改善された点はあるのは確かだ。情報提供は受理されるようになったし、児童福祉司は会議にも参加するようになった。

では、子ども家庭支援センターと児童相談所の関係は良くなったのだろうか。子ども家庭支援センターからの通告の増加を、児童相談所の事業概要では、「連携が強化された結果」と評価しているが、それだけではない。今まで児童福祉司がもみ消してきた相談も件数として計上されるようになったことも大きな要因だ。

しかし、ルールを作らなければならないのは、関係が良くないことの裏返しだ。子ども家庭支援センターと児童相談所もいつまでたっても信頼関係が築けないから、ルールが出来たのだということも忘れてはならない。

また、子ども家庭支援センターがコーディネートした虐待に関する関係者会議に児童相

談所が出席すると、会議の最後に、

「主担当は、子ども家庭支援センターか、児童相談所か」

を、何度も何度も念を押して確認し合うようになった。そしてこの責任の押し付け合いが非常に長引くことも増えた。子どもを守る責任は、関わる大人全員にあるというのに、誰もが責任を負うことを避けようとする。

ある子ども家庭支援センターから、児童相談所に一年間派遣で来ていた職員は、派遣期間を終えた時のあいさつで、

「子ども家庭支援センターに戻ってからは、出来るだけ児童相談所に通告しないようにします！」

と真顔で言った。子ども家庭支援センターからの通告を、どれほど児童相談所が嫌がるかを実感したのだろう。出来るだけ通告しないようにするのはどうかと思うが、「子ども家庭支援センターの通告が少なければ少ないほど、児童相談所にとってはありがたい」と思わせた児童相談所もどうなのか。子ども家庭支援センターからの通告が減ることは、虐待が減ることとイコールでは、断じて、ない。

平成十六年度の法改正で市区町村が児童家庭相談の一義的窓口とされ、虐待に関する通報の第一報は、子ども家庭支援センターに入れることが原則とされた。虐待に関しては、市区町村の相談窓口が相談を受け、内容を精査し、内容に応じて児童相談所に連絡を入れる、という流れが出来た。この弊害は大きかった。さすがに近隣からの通報は、児童相談所が受けるが、学校や保育園などの子どもが属する機関からの通告や相談は、

「それは、子ども家庭支援センターに連絡して下さい」

と、児童福祉司が断ることが出来るようになったのだ。児童相談所は、虐待に関する第一報を受けない、と児童相談所は理解したのだ。

ある児童福祉係長は学校の校長先生からの虐待に関する通告を子ども家庭支援センターに、と押し返した後で笑いながら言った。

「この校長先生、今は虐待の第一報は、子ども家庭支援センターに入れることになってるってこと、知らなかったんですよ」

子どもの安全を心配して、連絡を入れて来た人に対してそんなことを思って良いのだろうか。「相談機関」であるのに。そして、電話をして来た人間にすれば、役所得意の「たらい回し」だ。

そして平成二十七年七月一日より、児童虐待に関する通告は一八九番と三桁化され、最寄りの児童相談所に電話がつながるシステムとなった。虐待の第一報は児童相談所に入るという流れに逆戻りしたのだ。現場にいる人間だって混乱する制度改革だ。相談者に知識がなくて当たり前だろう。しかし、児童相談所はそうは思わない。

少なくとも、私の知っている子ども家庭支援センターは、相談に対して丁寧に関わっていた。子育て広場を開いて、お母さんたちの孤独を防ぎ、そこでの親子の様子を見て、虐待防止にも取り組んでいた。

考えてみれば、児童相談所は虐待防止への取り組みをしていない。やっているのは「オレンジリボン運動」という啓発活動と、「ＯＳＥＫＫＡＩくん」という児童虐待防止普及啓発キャラクターを作っただけだ。

児童相談所が実際に行っているのは児童虐待防止推進月間の一時的なキャンペーンに過ぎない。いじめであっても、虐待であっても、子どもを守るべき取り組みは、キャンペーンであってはいけない。私は常にそう訴え続けている。それなのに、児童相談所は、児童虐待防止への恒常的な取り組みはずっとしていないのだ。

■児童相談所「以外」の熱心な相談員

子ども家庭支援センターが受けている、お母さんたちの子育ての悩みは、間違いなく虐待防止につながっている。児童相談所が「子育ての些細な悩み」と判断し、受けない相談の中には、虐待が背後に隠れている場合もあるし、虐待に発展しかねない悩みもある。しかし、児童相談所は、

「叩いていない」

「深刻ではない」

と判断すれば、子ども家庭支援センターに相談するように言う。

逆にこれは、悪いことではないかもしれない。子ども家庭支援センターの方が、よほど丁寧だからだ。保健師と一緒になって面接や家庭訪問をしてくれる。虐待の見守りに関しては、頻繁に様子を見に行くし、定期的に家庭訪問する。情報収集も丁寧だ。職員は、自分が素人だという意識があればあるほど、必死になって判断材料となる情報を集める。だからこそ、子ども家庭支援センターが児童相談所に助けを求めて来たら、児童相談所は応えるべきなのだ。そして、児童相談所が受けない相談を受け、児童相談所がやっていない

丁寧な関わりをしていることに感謝すべきだ。

あまり知られていないかもしれないが、家庭や子どもに関する相談で、大きな役割を果たし得るのが、地域の主任児童委員だ。地域の相談役である「民生・児童委員」の中の、子どもに関する相談を専門的に受けるのが「主任児童委員」だ。民生・児童委員は、基本的に無報酬のボランティアである。しかし、人や、地域による差も大きいが、主任児童委員は、とにかく熱心で、丁寧だ。その丁寧さはボランティアとは思えないほどである人に私は多数出逢って来た。

虐待に関して、関係者会議で主任児童委員に直接親や子どもに関わる役割をお願いすることもある。子ども家庭支援センターがお母さんやお父さん、子どもに、身近な相談出来る人、として主任児童委員を紹介するのだ。児童相談所に「虐待している」と判断された親は、児童相談所には話せないこと、話したくないことがたくさんある。けれど相談したい。だから、親にとってみれば、まさにちょうどいい相談相手になり得るのだ。

問題なのは、主任児童委員はその活動範囲が決まっていない、ということだ。そして主任児童委員の日々の活動を細かくチェックし、内容についてアドバイスする人間がいない、ということだ。

もちろん、主任児童委員は子ども家庭支援センターとはこまめに連絡を取るが、中には熱心過ぎてしまう主任児童委員もいる。その結果、重過ぎる責任を負ってしまう事がある。

精神的に病んでいるお母さんがいた。あまりに症状が重たく、子どもの面倒を見ていなかった。しかし子どもはもう中学生だったので、自分の事は自分で出来る年齢であり、子どもの希望もあって在宅での指導が続けられていた。

お母さんの相談相手は主任児童委員だった。主任児童委員は、お母さんが望むので、頻繁に家庭訪問していた。そのことは、児童福祉司も子ども家庭支援センターも知っていた。

しかし、関係者会議で、主任児童委員の報告を聞いた私は驚愕した。大量の向精神薬を服用しているお母さんは、主任児童委員が家に来てくれて話をしている間、ずっとお菓子のように、薬を水なしで、ポリポリかじり続けている、というのだ。次々と、だ。

児童心理司である私だって、そんな状況には耐えられない。さらにその主任児童委員は、お母さんに何か異変がある度に携帯電話で子どもに呼び出されていた。児童相談所の職員は、担当しているお母さんや子どもに、携帯電話を教えない。しかし主任児童委員は、連絡がとりやすいように、と、携帯電話を教える。身近な相談者であるべく。その上、お母さんが何もしてくれないから、と週末ごとに子どもに頼まれ、子どもを遊園地や映画に、自腹を切って連れて行っていた。

「止めて下さい」

私はお願いした。薬を食べ続けるお母さんと話をするのも、子どもを週末遊びに連れて行くのも。その家庭状況はもう異常だ。子どもが生活するべき家庭ではない。そして主任児童委員の善意での関わりの範囲を超えている。主任児童委員に一切の関わりを止めてもらい、子どもは施設入所となった。

■保育園や学校の取り組み

次に、保育園や学校などが、子どもが虐待を受けていることに、気づいた時の注意すべき点についてである。子どもが虐待を受けている、ということを学校や保育園の先生が気づき、先生たちが全力で子どもを支えている場合がある。子どもに丁寧に関わるのは良いことだ。しかし、虐待が起こっている家庭に関しては、先生たちの丁寧な関わりが、逆にマイナスに働くこともある。

子どもが朝食を食べず、朝からお腹を空かせて登校し、聞けば昨晩の夕食も食べておらず、保健室で養護教諭が食べ物を食べさせる。保育園でもまずはご飯を食べさせる。

「子どもが可哀想だから」

という先生たちの思いは大切だ。しかし中には、毎日お腹を空かせてくるので、養護教諭がその子のためにお弁当を作って来るようになった、という学校もあった。

一時的に子どもの空腹を満たしてあげるのは必要なことだ。しかし、繰り返されるようであれば、その家庭において、子どもに食事を与えないのは日常ということだ。学校で食事を与え続けることで、親にとってはそれが当たり前になる。食事を与えなくて「済む」ようになる。それは、虐待を助長することになるのだ。

空腹の子どもを放っておいて下さい、とは言わない。しかし子どもを日常的に見る現場で重要なのは、「この家庭で子どもが育ってゆくのが良いことか」「この親に育てられることでこの子は健康に育つのか」という見極めである。親に、子どもを育てる力がない、あるいは意欲がなければ、学校で支え続けるのではなく、児童相談所に通報して欲しい。

中には、学校や保育園の指導によって、改善する家庭もある。夏場、毎日朝食も食べず、シャワーも浴びずに保育園にやって来る子に、保育園の先生たちは、食事を与えて、保育園でシャワーを浴びさせきれいなタオルを用意してプールに入れていた。それをやめ、朝食を食べていなければ、シャワーを浴びていなければ、持って来たタオルが汚れていたら、すぐに親に連絡して、子どもを家に連れて帰ってもらって家で一通り済ませたら再登園、ということを保育園に繰り返し指導していただいたところ、親は全てきちんと準備をして登園させることが出来るようになった家庭もあった。

■生活保護家庭と虐待

関係機関との連携の最後に、市区町村の福祉事務所との関係について触れておきたい。児童相談所と福祉事務所、特に生活保護担当とは、連携することが多い。ここでも福祉事務所からの情報をも、児童相談所が軽視する傾向があり続けたのは事実である。しかし、だからこそ、これからは関係を深めてゆくべきだ。虐待によって児童相談所が関与する家庭に、生活保護を受ける家庭が多いからだ。

生活保護担当には、児童相談所には出来ないことが出来る。お金を握っているからだ。児童相談所の言うことは表面的にしか聞かない親も、生活保護担当者からの指導となると、「お金が出なくなる」という危機感を抱く。そして、生活保護担当者は、生活の実態を定期的に把握出来る。

地域にもよるが、子どもがいる家庭、ひとり親家庭には、生活保護費の支給は比較的スムーズに開始される。福祉事務所も、子どもの命は重視している。しかし、親に対する就労の働きかけもせず、病気の場合も、最初に何らかの診断書を提出させるとその後は再診断、再提出を求めず、病状の確認は関係者会議などで必要に迫られた時しかしていないのが実情と言える。そして、生活保護費の支給は銀行振込がかなりの割合を占めるようになっている。それでも、支給日は、担当者は多忙を極めるという。

また、生活保護担当者は担当家庭が多過ぎるという理由で、

「一年間お母さんと会っていない」

「家庭訪問してもいつも不在なので、親子の様子は見ていない」

などということが非常に多かった。生活保護担当は、児童相談所同様、役所なので、人事異動で数年ごとに代わってしまう。結果、新しい担当者はその親が生活保護費を受けるようになった理由を把握していないことも多い。お金の管理が出来ていない親への生活保護費の支給を、週払い、手渡しにして欲しいとお願いしても、「そこまでは出来ない」と、断られることが多かった。

これは、生活保護担当へのお願いである。少なくとも、虐待が疑われる家庭については、生活状況の把握を積極的にして欲しい。虐待が疑われる家庭の親は、子どもを児童相談所に預かられるのを非常に嫌がる。保護費が減ってしまうからだ。自分の使えるお金が減ってしまうからだ。だから、生活保護を受けている親は、児童相談所に真実を語らない。児童相談所は親の報告によってしか、生活状況やお金の使い方を把握できない。だからこそ、生活保護担当で、生活状況を把握、指導して欲しいと思うのだ。殴る・蹴るはしていなくても、子どもの分のお金を自分のために使ってしまう親はいる。週払い、手渡しにするだけで、支給日当日に、親がギャンブルやお酒、ブランド品にお金を使ってしまい、月末には食べるものがなくなる、という事態は防げる。そして、給食費も、教材費も、修学旅行費も、生活保護費から直接支払うことによって、滞納を防げる。生活保護担当者が、

「きちんと子どもにお金を使わなければ、児童相談所に通報します」

と伝えることは、児童相談所が、

「次は絶対に保護する」

と伝えるよりも、効果は絶大なはずだ。

児童相談所が関係機関からの連絡をもっと重要視する必要があるのと同時に、関係機関もまた、子どものために、自分たちに何が出来るかを考え、相補的に協力しあうことこそが、子どもを救うことにつながる。

■一時保護所も課題山積

前に述べた通り、一時保護所は、非常に特殊な環境である。不思議な話だが、虐待の問題が深刻化し、児童相談所の機能強化が叫ばれ続ける中、一時保護所だけは、私が児童相談所に配属された当時からほとんど変わっていない。それは、一時保護所の内実が知らされていないからだろう。唯一、大きく変化したのは、恒常的に満員ということだ。このことが児童福祉司の判断に大きな影響を与えている。

一時保護所は恒常的に満員、時期によっては定員オーバーで入所率二〇〇％に迫る時もある。そのため、子どもの一時保護は担当児童福祉司にとって、非常にハードルが高い。相当の事情がない限り、

「どうにか在宅で出来ないのか」

「面倒見られる親族はいないのか」

と管理職に問われる。仮に、保護の必要性を理解してもらっても、一時保護の待機リストに載せることになるだけだ。私が勤めていた頃でも、十数人待ちは珍しいことではなかった。しかしそもそも一時保護所の定員は東京都全体でたった百九十八人である（二〇一五年）。

また、子どもの保護期間の見通しを立てておくのも大事なことだ。一時保護所は最長二か月とされているが、実際には半年一時保護所で過ごすことになる子もいる。全国的に見ると、年単位で過ごす子どももいる。そうしないためには、一時保護所を出た後の行き場所の見通しを立てておくことも重要だ。

仮に、方針として、「児童養護施設入所」という見通しを立てたとすると、同日から、子どもを受けてくれる児童養護施設を児童福祉司が探すように言われる。一時保護所と同様に、児童養護施設も恒常的に満員である。この施設交渉も難航することが多いので、早く始めておいた方が良いのは間違いない。

つまり、児童福祉司は、一定の調査を終え、一時保護する必要性が明らかであっても、管理職を納得させられる材料を揃え、さらには保護期間と保護後の行先まで決めておかなければ、一時保護のオーダーすら出せない、ということになる。そして、一時保護出来たとしても、今度は管理職から「一日も早く退所させろ」と言われる。

そんな大変な思いをするなら、どうにか保護せずに、在宅で様子を見たい。多くの児童福祉司はそう思うのだ。

■自由なおしゃべりさえできない厳しいルール

一時保護所が非常に特殊な場所であるのは述べた通りである。そして、一時保護所には様々な子どもがやって来る。東京の児童相談所はその子どもの保護の理由によって、保護先を分ける、ということはしていない。基本は都内に六か所の一時保護所のいずれかに子どもを保護する。だから保護所には、虐待を受けてきた子どももいるし、非行の子どもや性的問題を起こした子ども、家出の子ども、発達障害を抱えた子どもなどが一緒に生活する。

色々な子がいる集団を管理しなくてはならない。それを大きな理由とし、一時保護所のルールは非常に厳しい。一日のスケジュールは細かく決まっている。

そして東京の一時保護所は、原則、子ども同士の私語が禁じられている。保護期間中、子どもたちは自由なおしゃべりが出来ない。

図4　一時保護所のスケジュール例（小学生以上）

7:00	8:30	12:00	13:00	15:00	15:30	18:00	19:00	21:30
起床 朝食	学習または運動	昼食	学習または運動（日課なしも有）	おやつ	入浴（毎日ではない） 掃除 他は日課なし	夕食	日記以外日課なし おやつ 牛乳	就寝 消灯

そしてルールの厳しさ故か、とにかく職員が怒鳴ってばかりいる。中には、

「お父さんが怒鳴っているのを思い出した」

とフラッシュバックで泣いてしまう子もいた。

ルールを破ると、「個別日課」という日課を与えられる。一日中、壁に向かって書写をする、体育館を百周走るなどである。ある中学生の男の子は、落ち着きがない、と指導を受け、一日中、大人の塗り絵というとんでもなく細かい塗り絵をやらされていた。

「気が狂いそうになる」

と本人は言っていた。

外出は、よほどの理由がない限り、禁じられている。所によっては、外出をさせることもあるが、二か月間の保護期間中、一度も外に出なかったという子どもも珍しくない。高校生だと、学校に行くことは許可される場合もあるが、児童福祉司の送迎が必要である。現実的には不可能だ。

行事で外出することもあるが、実際は一時保護所が何かの工事をする、とか、子どもが保護所にいられない理由がある時のみである。

非行の抑止のためであるなら厳しい環境は意味があるが、虐待を受けた子にとっては安心出来る場所でなければならない。現状は、「安心出来る場所」とはかけ離れている。一時保護所から児童自立支援施設に入った子どもが、児童自立支援施設での生活の方が、

「一時保護所よりはるかに楽」

と言った。子どもにとっての緊急の避難場所、シェルターが非行を改善するための施設の生活よりも厳しいなど、明らかにおかしな話だ。

一時保護中に、子どもが会えるのは原則的に担当の児童福祉司と児童心理司と医師だけである。一時保護所での生活が長くなればなるほど、子どもは同じことの繰り返しの生活に飽きて来る。自由時間にしても、一時保護所に置いてあるゲームに飽きてしまい、漫画も読みつくしてしまう。おしゃべりが出来ないのも子どもにとって大きなストレスとなる。

また、大半の子どもは児童福祉司のことが嫌いだ。上から目線で、何より、子どもの気持ちに寄り添わない。命令するか、説教するか、聞き流すか、だ。しかし、児童福祉司と

話さないと話が先に進まない。今後については児童福祉司以外の人は教えてくれない。大事なこと、親に伝えて欲しいことだけでなく、自分がこれからどうして行こうと思っているか、どうしたいと思っているか、子どもの気持ちは全て、一時保護所の職員から、

「児童福祉司さんに話して」

と言われる。だから児童福祉司のことが嫌いであっても、児童福祉司に会わなければいけない。子どもは渋々、児童福祉司に会って話をする。

ただし、一時保護している子どもに積極的に会いに行く児童福祉司はごくわずかだ。子どもは安全な場所におり、日課もあることに児童福祉司は安心する。子どもに嫌われていることを感じ取れば、さらに足は遠のく。だから児童福祉司から子どもに伝えたいことや聞きたいことがなければ、あるいは一時保護所の職員から「会いに来て欲しい」と頼まれない限り、ほとんど会いに行かない児童福祉司が大半だ。

児童心理司になるともっとひどい。心理診断さえ終わってしまえば、会いに行かない。理由がないからだ。子どもと関係を作ろうなどと、思っていないからだ。非日常を過ごし、退屈を持て余している子どもの気持ちを考えれば、何の用事もなくても、会いに行き、話をしてあげるのは重要なことだ。そして本来ならば、日々変わってゆく子どもの気持ちを

聞き取らなければ、方針は決められないはずだ。結果、方針は、子どもの意志優先ではなく、大人同士の話し合いで決められてしまう。

■満員だから家に帰す

一時保護に関してもう一つ大きな問題は、児童福祉司が、関係機関や、相談に来た親に対して「保護所が満員だから保護出来ない」と堂々と言ってしまうことだ。虐待されている子どもの今後の方針を決めるための関係者との会議でも言ってしまう児童福祉司がいる。「保護所が満員だから」など、子どもを保護しない理由になるはずがない。

ある児童福祉司は、警察からの身柄通告で保護となった高校生の女の子を早く家に帰したくてたまらなかった。彼女の問題は非行だった。まもなく年末年始の長期の休みに入る直前のことだった。その児童福祉司は、児童相談所に話し合いに来たご両親に対し、

「年末年始だから、もう保護所に置いておけないんです」

と言った。

年末年始だからといって、一時保護所が閉まる訳ではない。家に帰す理由としては全く筋の通らない説明だった。この発言により、ご両親からは苦情が出た。当然のことだ。釈

明の余地もない。

東京都児童相談所の統計には、一時保護をした実数や、一日あたりの平均人数、保護期間日数などは、出ている。しかし、「子どもが保護を願い出たのに」「親が保護を希望したのに」「関係機関から保護の要請があったが」、「保護しなかった」件数は、出て来ない。そして今後も絶対に出て来ないだろう。

■子どもの言い分より親の言い分――「職権保護」

前述したように、児童相談所は、親の同意が得られなくても、子どもを保護出来る。職権保護である。では、実際、職権保護というのは、どのように行われるのか。子どもが児童相談所に保護を求めて来たら、原則的には即保護である。前にも書いたが、一時保護のアセスメントシートのトップに書かれているのは、子どもの意志である。虐待の事実が明らかになった時、親の同意が得られなくても保育園や学校から子どもを連れて来て保護するのも原則である。しかし、この原則は守られていない。一時保護所が満員だからだ。

そして、そもそも、児童福祉司は一時保護自体、したくないと思っている。職権保護となるとさらに「やりたくない」気持ちになる。

実は、虐待する親は子どもへの執着が強い場合が多い。子どもを手放したくないのだ。もちろん児童相談所に一時保護をされ、自分のしてきたことを子どもに話されたら困る、というのも一つの理由だ。が、「自分の子なのだから、自分がどうにかしなくては」と思っている親も多いのだ。逆に、虐待することが楽しくなっている親もいる。子どもがいなくなったら、虐待出来なくなるから、子どもを手放したくない、という恐ろしい心境だ。「溺愛」と「虐待」を交互に繰り返す親もまた、子どもへの執着が強い。ＤＶと同じ構造だ。

子どもを手放したくない親から強引に子どもを保護するのは容易ではない。親の同意なく子どもを保護すると、ほとんどの親が、激怒する。すぐに児童相談所に怒鳴り込みに来る親もいる。親が納得しないため、話し合いが深夜にわたる場合もある。

「子どもを帰してくれるまで、帰らない」

と親が言い張った場合だ。

誘拐だ、人さらいだ、とも言われる。ネットにまで書き込まれる。議員を連れて来る親もいるし、弁護士を連れて来る親もいる。ただ、議員や弁護士には児童相談所の権限を説明するだけなので、さほど問題はない。完全に親側に寄り添ってしまい、児童相談所の権限を理解しない、一部の弁護士を除けば……。

スタートで親が激怒してしまうと、当然関係は敵対的なものとなる。本来、児童相談所は、子どもを守るためなら、親と敵対するのが仕事である。しかし、児童福祉司はどうにか敵対しない方向に進めるのだ。

職権保護をすると、親からの苦情の電話が連日続いたり、怒鳴られたりする。その精神的負担は確かにとても大きい。そして今後についての「話し合い」が進まない、方針が出せない、一時保護の期間が長引き過ぎて、施設に入れる方向で進めるしかない、となると、今度は家庭裁判所に申し立てなくてはならない。そうすると仕事が増える。そしてさらに親との関係が悪化する。職権保護をするに当たり、児童福祉司は自分にとって最悪なストーリーを想像する。だから職権保護をためらうのだ。そして児童福祉司は職権保護しない理由を、

「材料が揃わない」

「証拠がない」

と言う。しかし、材料を積極的に集めようとはしていない。材料がそろってしまったら困るからだ。だから子どもの「叩かれている」という訴えすらも、

「本当のことか分からない」

としてしまう。児童福祉司は、いつだって子どもの言い分を真実と扱わない。

■「殺されなければ」保護はしない

親の引取要求と苦情が繰り返され続けることによって、子どもを家に帰す、という判断をする児童福祉司は非常に多い。子どもが家に帰ることを怖がっていると、児童福祉司が家に帰るように説得する。

「お父さん、お母さんはもう絶対に叩かない、って約束したよ」

と子どもに言う。虐待する親の、「叩かない」という約束など、簡単に破られてしまうことを一番知っているはずの児童福祉司が、平気で子どもにそう言うのだ。

「今、帰らないと一生帰れなくなっちゃうよ」

と言う福祉司もいる。こんなのは、もはや脅しだ。

そして親の要求に従って、子どもを親に会わせる。親にはよく分かっている。子どもに会ってしまえば絶対に子どもは自分に従うことを。そして子どもに優しく接する。どんな子どもだって期待する。今度こそ、本当に今みたいに、ずっと優しくしてくれる

だろう。そして、

「家に帰ろう」

と親に言われ、家に帰る選択をしてしまう。児童相談所の中で、児童福祉司や児童心理司が同席している場で、親が子どもに優しいのは当然のことだ。それなのに、堂々と会議で、

「子どもが家に帰ると言いました」

と報告する者がいた。「言った」のではなく、「言わせた」のだ。


家に帰すに当たってほぼ必ず登場するのが、「誓約書」だ。誓約書と言っても、たかが紙切れ一枚だ。なんの効果もないことなんて、児童福祉司は全員知っている。それでも「親が誓約書にサインした」ということを、家に帰す判断の重要な材料としてプレゼンする。

多くの虐待する親は、「家に帰してくれるのならば、この後は児童相談所の指導に従う」と書かれた誓約書にサインする。親が誓約書にサインした、という事実は、親が児童相談所の指導に従った、ファーストステップとして記録に残される。そして「指導に従う

親」として評価される。

家庭引取後の虐待の再発率は非常に高い。しかし、虐待再発率の統計はない。この数字こそ、きちんと出して、公表する必要があるし、何より児童福祉司たちがその数字を見て、リスクの高さを学ぶべきだ。

虐待による一時保護からの家庭引取は、児童福祉司指導となり、指導内容は、在宅による児童福祉司指導と同じだ。時々親に電話をし、学校に何かあった時の連絡をお願いするだけだ。そして学校などの関係機関からの虐待に関する連絡は、虐待通告として扱われず、上司にも報告されない。

誓約書を書かせ、「次に虐待したら、今度こそ施設だからね」と親に言って家に帰したのに、親が叩いていることが分かっても実際は何もしない。するとしても電話で親に注意するだけだ。

なぜ児童相談所でこんなことが許されるのか。児童相談所が子どもを保護するか、施設に入れるか。在宅の指導で大丈夫か。こうした、虐待に関する重要な判断は、「殺されるか、殺されないか」

で決められてしまうのだ。つまり、児童相談所が、

「傷・あざがあったら即保護する」

という言葉の本当の意味は、

「殺されなければ保護はしない」

という意味なのだ。

■非行にはお説教という時代錯誤

児童相談所には、虐待だけでなく、非行についても警察から、書類通告と身柄通告が来る。非行についての児童福祉司の関わりはパターン化している。そして時代錯誤である。書類であれ、身柄であれ、やり方は同じだ。親子に対してお説教。そして「二度としない」と約束させ、誓約書を子どもに書かせ、親には責任もって子どもをみる約束をさせる。古い児童福祉司の中には、子どもを泣かすまで説教するのが、効果的な指導法だと思っている人もいる。いずれも、子どもが反省した、と児童福祉司が判断すれば、一回面接しただけで「助言終了」。しばらく様子を見る必要がある、と判断すれば、「児童福祉司指導」である。しかし、起こした事件が重大、あるいは再犯の可能性が高い子どもは、更生のた

めの児童福祉施設の一つである「児童自立支援施設」に入所することになる。児童自立支援施設は、基本的に自由のない、制限の厳しい環境である。

多くの児童福祉司の非行の子どもに対する助言は、的外れだ。

ある児童福祉司は、ＬＩＮＥで知り合った友だちと深夜徘徊を繰り返していた子どもに、「ＬＩＮＥで知り合った人と一緒に行動するのは良くないことだからやめるように」と助言した。非行抑止のための最善の指導だ、と本気で思っていたようだった。

非行に対する指導力が児童相談所にないことは問題である。しかしそれ以上に、児童福祉司も、児童心理司も、どうして子どもが非行に走ってしまったのか、そして法に触れる行為をしてしまったのか、その原因が全く分析出来ないままに、指導終了としてしまうことが大きな問題なのだ。

子どもの非行の背景には、虐待が隠されている場合が非常に多い。子どもだけが問題を起こしている、という家庭は、私の経験上見たことがない。子どもの問題は大人の問題だ。子どもが問題を起こす時は、家族全体に何かの問題がある。きちんと分析すれば、その問題は必ず見えて来る。それが見えた時、児童相談所がすべきことを見極め、子どもの問題に取り組むことこそが必要なのだ。

■「育て直し」は家族も幸せにする

小学校低学年の男の子は、学校でしょっちゅう友だちに暴力を振るっていて、ある日、包丁を持って友だちを追いかけ回し、警察からの通告で児童相談所が関わることになった。しかし、心理診断をし、子どもの話を聞いた結果、彼は家庭の中で、暴力を受けていることが分かった。親もその子どもを叩くことはあったが、一番ひどい暴力を振るうのは兄だった。

もともと、その家庭の暴力へのハードルは低かった。暴力が文化として根付いてしまっている家庭には、時々出逢う。家庭で強いものから弱いものへの暴力を受け継いだその子どもは、学校で自分よりも弱いものに暴力を振るっていた。そして、腹が立った時の表現手段を、暴力以外に知らなかったのだ。

この家庭から暴力をなくす、ということはかなり難しいことが分かった。しかし、母は兄の暴力に気づいており、私が継続的に関わるのを望んでくれた。その子の上の三人の兄について、学校での問題と暴力に関して、母は何度か児童相談所に相談していたが、当時担当の児童福祉司は何もしてくれなかった、とのことだった。

必要なのは、育て直しと、暴力を受けない日々だと私は思った。私のアドバイスを受け、お母さんはその子が被害に遭わないように頑張り、その子どもと二人の時間も作るようにした。問題の原因はお父さんにも説明し、お父さんもかなりの頻度で子どもが児童相談所に来る時に一緒に来てくれた。担当の児童福祉司は私の判断に同意してくれ、ご両親の面接に同席してくれたし、家庭訪問もしてくれた。

両親が頑張ったことで、子どもはどんどん良くなった。私は毎回子どもに自分自身を表す木の絵を描いてもらい、その絵を、ご両親に見せた。最初は殴り書きでとても木に見えなかった。自分自身をまったくコントロール出来ない状態ということだ。彼の絵は、毎回変化し、「木」らしくなっていった。成長の証だ。

ご両親は、生活の中では子どもの成長を感じられない時でも、絵を見て成長を確認しながら、自分たちのやり方が間違っていないことを信じ、子どもと向き合い続けてくれた。

それでも根付いた暴力の影響は大きかった。彼は学校で先生に暴力を振るい、警察からの通告で一時保護となった時、「ここにいる時だけ、イライラ虫が出て来ないんだ」と言った。それを感じられるようになっただけ、大きな成長だった。

子どもが学校で暴れた時に警察に連絡した担任の先生は、一時保護所に会いに来てくれ、反省出来るようになった彼の姿を見て本当に喜び、これからも彼を支え続けたい、と言ってくれた。子どもが学校で暴れたら、すぐに警察に連絡を入れて欲しいとお願いしていた私と児童福祉司は、その辛い役割を担ってくださったことに感謝した。

子どもの話から、両親の不和が深刻化し始めていることもあり、私と児童福祉司は施設入所が必要だ、と判断した。後に年長のきょうだいも大人として落ち着き、きょうだいの協力を条件に子どもは家庭引取となった。その後、彼はもう問題を起こさなかった。

ご両親や兄と姉の物を繰り返し盗む中学生の男の子がいた。お金だけでなく、家族の眼鏡などまで盗って隠していた。

自分にとっては必要のないものを盗む。その原因は、決して物欲ではない。心理診断の結果、その男の子は兄と姉に強烈なコンプレックスを抱いていたことが分かった。家族の中で自分だけが「ダメな人間」と思っており、盗みの原因は嫉妬だったのだ。

ご両親は色々手を尽くしていたが、児童相談所にやって来た時は、まるで家の中に泥棒がいるかのように、常にその子を家族の誰かが監視していた。

心理診断の結果をお母さんに伝え、盗むことが出来ない環境を作るのは大事だが、今のやり方では問題は悪化しかねないことを伝えた。今、彼に必要なのは、家族に愛されている、必要とされていると感じることにより、自分がダメな人間だという自己否定感を解消すること。そうお伝えした。そして実際、彼は家族に愛されていた。私からお願いすると、お姉さんもお兄さんも私に会いに来て、話を聞いてくれた。愛情の注ぎ方を間違えているだけだったのだ。

愛情を注ぐ。心理の専門家がよく言う言葉だが、何をすればいいのかを具体的に教えられる専門家は少ない。毎日、子どもに「愛しているよ」と言うのは非現実的だし、愛情を注ぐことになる訳ではない。お母さんも最初は戸惑っていた。

家族の誰かが一緒にいるのは良いこと。でも、監視ではなく一緒に過ごして下さい。お兄さんとお姉さんにはない、彼の良い所を探して誉めてあげて下さい。ご両親のどちらかと、彼が二人で過ごす日を作って下さい。お手伝いをたくさんしてもらって、感謝を伝えて下さい。

全て、簡単なようで、続けるのは難しい。言われた通りにやることは出来るかもしれないが、本当にその意味を理解していなければ、家族であっても表面的な対応になってしまう。

家族全員が根気よく頑張った。

「言われていたことがようやく、すべて理解出来ました」

お母さんがそう言ってくれるまでに、三年かかった。子どもが変わるため、家族が変わるためには、決して長い時間ではない。

■風俗・AVしか居場所がない女の子

子どもの性的問題はエスカレートし、低年齢化している。

私は数多くの、風俗で働いていたり、AVに出演していた女の子たちに出会って来た。そして私が出会った子は、全員が虐待を受けていた。その虐待の内容は様々だが、家にいたくない、家に居場所がない、家にいるとろくにご飯も食べられない、そんな子どもたちは、些細なきっかけで簡単に風俗業界に入ってしまう。寝る場所を与えてもらえる、食べるものも与えてもらえる、お金も稼げる、お店のスタッフにも優しくしてもらえる、お客さんにもよるが、優しいお客さんもいる。

お客さんにサービスする部屋で寝かせてもらえるのはまだ良い方だ。風俗店の狭い待機部屋で、寝泊りして生活する子どももいる。それでも、家よりはましだ、と言う。中学生の女の子でキャバクラに雇ってもらえて、マンションまで用意してもらえるのはかなり運の良い子どもだ。

そして虐待によって性的問題を起こす女の子の多くは孤独に苦しんでいる。誰でもいいから愛して欲しいと心の底から望んでいる。そして誰かに必要とされたい。

「抱きしめてもらえるだけで嬉しい」

風俗で働いていた中学生の女の子は言った。お金を稼ぎたい、と思っている子の方が、実は少ない。優しくしてもらうため、抱きしめてもらうため、一緒に寝てもらうために、自分の身体を差し出す女の子にはたくさん出会って来た。


家にいるのが嫌で、家出する女の子は確実に増えている。そして生きていくために、他に仕事がなくて風俗業界に入る、あるいは身体を売る。インターネットを使えば簡単に出来るようになった。そして、家出した女の子を利用しようと狙っている成人男性がたくさんいる。家出サイトでは、「今日から泊めてあげる」という成人が山ほど手をあげている。そして今は、十八歳未満専門の風俗業がある。ニーズがあるからだ。しかし店舗を構えると捕まってしまう。だから個人がネットを使って家出娘を探し、客を探す。それで商売が成り立っている。

子どもを取り巻く環境には危険が満ち溢れている。しかし、本来ならば、「危険」ととらえなくてはいけないネット上の発信や書き込みを「救い」ととらえる子がいるのだ。どうにかして家から逃げたい、と思っている子だ。

かつて、子どもたちには逃げ場もなかったし、家を出て生活する方法も知らなかった。それが、ネットによって激変した。インターネットの中で、ゲームなどでも知らない人と子どもは知り合って、関係を続けられる。ネットの中で、子どもは大人と対等に扱ってもらえる。次第に大人と対等であるかのような錯覚を抱く。そして色々な人の書き込みを見ると、自分と同じような境遇で、風俗やAVでお金を稼いでうまくやれている情報も書かれている。さらに調べていくと、年齢を問わずに働ける風俗店があることも見つける。自分一人で生きていける。子どもはそう思ってしまう。

家出して風俗などで働きながら生活している子どもの実数は出て来ない。しかし、風俗業界を取材している方から聞くと、間違いなく増え続けている。その中で、児童相談所が関われているのはごくわずかだ。

成人を相手にした援助交際や風俗店で働いていた女の子が警察に保護され、警察から児童相談所に送られて来る場合、彼女たちは「被害者」である。

その点はありがたいことだと思う。実際、被害者なのだから。

被害者としてやって来るのだから、さすがに児童福祉司もこうした女の子を泣かせるほどお説教はしない。しかし言うことは皆同じだ。

「自分を大事にしなくちゃいけない」

結局、児童相談所は誰でもすぐに思いつくアドバイスしかしない。自分を大事にしないのは、大事にされた経験がないからだ。自分に価値があると思えていないからだ。彼女たちの選ぶ職業は、自己評価と一致しているのだ。そしてその風俗業を通して、初めて自分に存在価値があると思えたのだ。

■叱責してどうする

非行相談に関し、児童福祉司は子どもの非行の原因よりも、子どものやって来たことを重視する。非行の原因が虐待であると判明しても、相談の内容を非行から虐待に変更する児童福祉司はいない。虐待に関する相談は、理由さえ整えばすぐに「性格行動相談」などに切り替えるのに。その結果、その子どもに関して、最も重要な事柄である虐待が見えなくなる。

背景に虐待があっても、同じことを繰り返す可能性が高い子どもには枠のある環境が必要であり、児童自立支援施設に入れてあげるのが子どものためである場合はある。同じことを繰り返させない、という意味で、子どもを守るためだ。それは納得できるとしても、その子に対する入所後の方針には納得出来ないことばかりだった。援助方針会議では、子どもに対しての短期的、中期的、長期的課題の提出が義務付けられており、プレゼンもされる。明らかにひどい虐待の結果、繰り返しの家出、万引きをしていた子どもの施設入所のプレゼンで、

「非行は絶対に許されないこと、ということを繰り返し指導する」

と言った児童福祉司がいた。そんなことで、改善されると思っているのだろうか。

「大切なのは、子どもの心に寄り添って、非行に至った原因を一緒に振り返ることではないのですか?」

と質問したところ、意味が分からなかったようで、「は?」という顔をされた。事務職採用の新人児童福祉司だった。意味が分からないのは仕方がない。だったらどういう意味

か、聞いてくれればいいだけだ。ところが、修正しようなどと全く思っていないのは態度から分かった。しかし管理職が私の指摘を受けて、修正するように指示すると、

「はい、わかりました」

と素直に聞き入れた。意味が分かっていないのだから、修正のしようもないはずだが。

性的問題を起こす子どもの中で、性的虐待を受けて来た子どもの割合は高い。性的虐待を受けて来た子の性への感覚は著しく狂う。それは当然のことだ。

性的な非行で児童相談所が関わった中学生の女の子がいた。

「自分のして来たことを、恥ずかし気もなく、ペラペラ話すんですよ」

嫌悪感と軽蔑たっぷりの口調と表情で、会議でプレゼンした児童福祉司がいた。性的虐待を受けて来た子だった。家庭の中で、性的な問題が、普通のこととして起こっていたのだ。恥ずかしいという感情を持てなくても仕方がない。そして嫌悪と軽蔑を向けるべきは、性的虐待の加害者である親だ。それなのに、子どもに対してその感情を向ける。背景を考えないから、そのような無神経な発言が出てくるのだろう。

性的問題を起こした、という事が心情的に許せず、子どもに対して、

「どうせあんた、またやるんでしょ」
と決め付けて言ってしまう児童福祉司もいる。仕事なのに、感情的になってどうすると いうのだ。しかし多くの児童福祉司は感情に支配されて仕事をしている。子どもが児童福祉司を嫌うのと同じく、児童福祉司が子どもを嫌うことは多々あるのだ。自分の一言がどれだけ子どもを傷つけるかを想像も出来ないのだ。

性的虐待を受けた子どもの心の傷は、非常に深く、そして治療には、非常に長い時間がかかる。中には一生かかる子どももいる。しかし、大きな問題として、現在の児童相談所では性的虐待の被害に対するケアが出来ていない。手法を知っている人間すらいない。性的虐待だけではなく、児童相談所は、あらゆる虐待被害児への虐待の傷をいやすためのケアが出来ていないのが現状だ。

だからこそ、これから、児童相談所の職員に考えて欲しい。児童相談所の仕事は、子どもの安全を守るだけでなく、少しでも心の傷を癒し、幸せな大人になってもらうことなのだ。それはすべての大人にかかっている。

第5章　なぜ虐待はなくならないのか——児童養護施設に入れても続く問題

児童相談所が子どもを児童福祉施設に入所させる数は実は非常に少ない。被虐待であっても、である。詳しいデータは、児童相談所の統計をご覧いただきたいが、本章では、施設に入った子どもにどのように関わっているのか、流れとともに問題点を指摘する。

■入所は親との「全面戦争」

児童福祉司は、虐待を受けた子どもであっても施設に入れたがらない。確かに、子どもを施設に入れるために、親を説得するのは大変である。渋々ながら、一時保護にだけは同意してくれていたとしても、親の側は、一時保護が終われば、子どもは家に帰って来る、と思っているから同意している場合が多い。施設に入所となると、通常、最低でも家から離れる期間は年単位となる。短期間での大きな環境変化は子どもの負担となる。それに、家族の問題、ことに虐待となると、短期間での解決は見込めない。

しかし、一時的に子どもが家から離れるのは仕方ないと考えて一時保護に同意した親も、年単位で、しかも、いつ子どもを帰してもらえるか分からない、となると、簡単には納得しない。親が同意しないと、児童福祉司には、家に帰すか、家庭裁判所に申し立てるか、という二つの選択肢しかなくなる。

子どもを施設に入れるのであれば、親の同意のもとで入れたい。同意が得られず、児童相談所が家庭裁判所に申し立てるということは、親との全面戦争である。しかし、仮に家庭裁判所の決定により、子どもが施設に入ることになったとしても、児童相談所と親の関係が終わる訳ではない。家庭裁判所で、施設入所の決定が出された瞬間、児童相談所は、家庭復帰に向けてのプログラムを作成、提出しなくてはならない。加えて、家庭裁判所の決定は二年ごとに更新の申し立てをしなくてはならない。その間、親に対しては同意してくれるよう、児童福祉司がアプローチを続けなくてはならない。一度全面戦争をした親と、決定がなされた瞬間から関係の修復を目指さなくてはならないのだ。そして更新に際しては二年の間に、何回、どんなアプローチを親にして来たかを提出しなくてはならない。

しかし、一度敵対してしまったのだから、穏やかに話が出来る訳がない。親にしてみれば、児童福祉司は、子どもを奪った人間だ。だから、電話をかければ怒鳴られ、呼び出しにも応じてもらえない。児童相談所からの電話を着信拒否されることも珍しくない。親が呼び出しに応じて、児童相談所に来てくれたとしても、一方的に文句を言われるだけで終わってしまうこともある。

子どもの安全のためには、親と敵対しなくてはならない。しかし、信頼関係も作らなくてはならない。前にも書いたが、この矛盾した役割を児童相談所だけで担わなくてはならないという構造が大きな問題を生じているのだ。

子どもを施設に入れることに同意してくれない親に対して、何度も何度も、繰り返し説得する児童福祉司もいる。こうした根気良さを持つ児童福祉司は、家庭裁判所への申し立てをためらわない場合が多い。子どもを施設に入れる必要性を強く感じているからだ。しかし一回説得しただけで、親が同意しないと諦めてしまう児童福祉司の方が圧倒的に多い。

親の説得に関しては、管理職からのチェックは入る。ちゃんと説得したのか。しかし、何回、どの位の時間をかけて説得すれば「ちゃんと説得した」ことになるのかは明確ではない。その点も児童福祉司の裁量に委ねられている。だから要領の良い、手の抜き方を十分に覚えた児童福祉司は、

「さんざん説得したけれど同意してくれない」

と報告し、

「これ以上、説得しても無駄です」

と報告する。本当に「さんざん説得したのか」「これ以上話しても無駄」なのかは、実際に親に会ったことのない管理職には判断出来ない。

乳幼児の場合は、親が同意しなくても、おおむね、即児童相談所で預かる方向性が出される。子ども自身に、自分の身を守る術がなく、虐待死のリスクが高いからだ。特に乳児は、シェイクンベイビーシンドロームを主とし、職権保護の割合も高く、同時に施設入所の方針も出される。〇歳から二歳の子どもは、乳児院という乳児専門の施設が入所先となる。スタッフも保育士などの乳児専門のスタッフである。そして、乳児の場合は「月齢を重ねる」ことが、虐待死のリスクを低めるため、出来るだけ長く施設に入れておく方向もあまり揺らがない。

乳児院からの家庭引取に向けては、親の努力が条件だ。乳児は自分の意志を表現は出来ない。室内環境を整える。親の夜間の仕事を昼に変える。親に育てる力がない場合は、乳児院に協力してもらい、職員から親に子育ての方法を教えてもらうことを重ねる。親が子どもの年齢に応じた食事内容が分からなければ、食事内容を乳児院が親に教え、メニューを渡して練習させる。そして外泊中の食事もきちんと記録を取らせ、内容をチェックする。つまりは、乳児の家庭引取の主体は、乳児院にあり、児童相談所は「チェックする」だけだ。

■継続的なケアはしない

学齢以降の子どもについて、親の虐待が明らかであり、家に置いておけない状況であることが判明すれば、家に帰すという判断はさすがに会議でも許されない。

問題なのは、子どもを施設に入れた後のことである。二歳から十八歳未満の子どもは、児童養護施設という施設に入所となる。児童養護施設は、極力、家庭生活に近い生活を目指しており、子どもは地域の学校に通い、外出も基本的には自由に出来る。高校生は施設によってだが、携帯も持てるし、バイトも出来る。子どもにとっては、一時保護所よりは居心地の良い場所となる。

一旦、子どもを施設に入れてしまうと、児童福祉司も、児童心理司も、子どもが特に問題なく、順調に施設での生活を送っていれば、子どもには会いに行かない。援助方針会議では、「定期的な児童福祉司との面接が必要」「定期的な心理ケアが必要」とプレゼンしていても、だ。子どもは、「良い子」であればあるほど、放っておかれるのだ。

しかし、施設に入れた子どもになぜ児童福祉司や児童心理司が会いに行かなくてはならないのか。施設では安全を保証されており、生活の面倒を見てくれる職員もいる。児童養護施設の大半には、心理の専門職もいる。

それでも、児童福祉司は会いに行く必要がある。児童養護施設では子どもたちは普通の生活が出来るが、家庭での生活よりもルールは厳しい。ゲームの時間も制限され、集団生活なので、テレビも自由に見られる訳ではない。門限もある。自分の部屋の掃除、服の片付けなどは自分でやらなくてはならない。

自らの意志で施設に入った子どもであっても、施設生活に不満を抱くことはある。もうここにいたくない、と思うこともある。そして、自分の決断が正しかったのかどうか、と不安も抱く。特に、児童相談所と親が子どもの施設入所に関して敵対しており、親が一切面会に来ない子どもは強い不安を抱えている。

親が同意して施設に入った子どもには、家族が会いに来る。しかし、親が施設入所に反対している場合、親の面会は許可されない。子どもに会いに来て、強引に子どもを連れ去ってしまうかもしれないからだ。

親に会えない子どもは様々な不安や疑問を抱く。自分の決断について親はどう思っているのか、怒ってはいないのか、この先、親に会えるようになるのか。どうして自分だけ、親からの誕生日プレゼントをもらえないのか。そして、周囲の子どもには親の面会があるのに、自分だけ誰も会いに来てくれない、というのは子どもにとっては辛い。

その子どもの不満を聞き、不安や寂しさを解消してあげるのは児童福祉司と児童心理司の役目である。定期的に会いに来てくれる人がいて、不満を聞いてくれる人がいる。それだけで子どもは救われる。親と児童相談所の話し合いに進展がなくても、状況を確認したいのだ。

その関わりこそ、子どもの心を安定させるための心のケアである。この関わりがないと、子どもは不安と不満を募らせてゆく。児童福祉司が会いに来ず、親のことを一切教えてもらえないと、子どもは次第に家に帰りたい、と思うようになる。自分自身で親の様子を確認しよう、親の気持ちを聞いてみよう。施設への不満が募っていればなおさらだ。ここにいるのなら、家の方がまし。その時には、子どもの心からは親の虐待は薄れている。子どもの気持ちはもっと短絡的欲求に基づいている。自由にゲームがしたい、門限がうっとうしい、集団生活は疲れる、ならば親に叩かれるくらい我慢すれば良いことだ、となるのだ。

そんな事、慣れているのだから。そして、施設を飛び出してしまう子がいる。飛び出してしまわなくても、とにかく帰りたい、という気持ちを強めてしまう子どもがいる。

子どもをそんな風に追い詰めないために、たとえ繰り返しになっても、施設に来なくてはならなかった理由を子どもに説明し、家に帰れない理由を説明し、そして施設での不満や不安を聞いてあげる。そのことによって子どもは施設での生活になじんでゆくのだ。

■問題がなければ放置

しかし、児童福祉司が施設に入っている子どもに会いに行くのは、子どもが問題を起こした時だけである。施設内でトラブルを起こした、万引きをしたとか、無断外泊をした、とかである。

だから、施設入所後、子どもにとって児童福祉司は「悪いことをした時にお説教をしに来る人」という存在になる。そうなってしまうと、子どもは児童福祉司に本音など言えなくなる。児童心理司だって同様だ。何か悪いことをした時や学校に行かれなくなった時に施設職員に児童心理司に心理診断をもう一度受けるように言われて、児童相談所に会いに行く人であり、問題を起こした時に検査をする人以外の何者でもない。

さらに言えば、子どもが問題を起こしたから至急来て欲しい、と施設から連絡があっても、「予定が詰まっているから」と、児童福祉司が訪問するのが一か月後、ということは珍しいことではない。子どもが悪いことをした時に叱るのはその時、その場が原則だ。時間が経ってから叱られても、子どもは一体何を叱られているのかよく分からない。「そんな古い話を持ち出されても」と思うだけで、何の効果もない。すると子どもにとって児童福祉司は、「訳の分からないお説教をしに来る人」という存在になる。子どもは児童福祉司への拒否感を強めてしまう。

児童福祉司、児童心理司が子どもに施設に会いに行かないのは、児童相談所にそういう風習、歴史がないからだ。しかし、この定期的な子どもとの面会を実行することで、児童相談所で働く喜びは倍増する。私は、施設からの「しばらく会いに来ていただいていないので」「子どもが会いたがっているので」という連絡が本当に嬉しかったし、心の支えだった。子どもは会いに行けば、次にいつ来るのか一緒に決め、私が手帳にその予定を書き込むのを見届けるまで、絶対に席を立たなかった。大人になってからこんなに、仕事で子どもに大事にされることが体験出来るのは児童相談所だけだと思う。

心理診断もそうだ。子どもが何か問題を起こした時ではなく、施設に入った後も、定期的に心理診断を行うことで、子どもにも職員にも、「前に出来なかったこれが出来るようになったね」と言って、子どもの成長を一緒に喜べた。私が心理診断の時期を忘れていても、施設の職員が「そろそろお願いしたいと思って」と連絡をくださり続けたことには、本当に感謝している。

そして、実は定期的に会いに行っていれば、施設から急に呼ばれることも減る。施設からすると、子どもが問題を起こした時に児童福祉司に来て欲しいと連絡を入れるのは、頼まなければ来てくれないからだ。次に来る日が分かっていれば、「その時に」と思えるので、取り急ぎの報告は入れるにしても、急に来て欲しいと頼むことはない。児童福祉司も児童心理司も自分の予定外の行動を入れなくても済むわけだ。

しかし、施設に呼ばれてちゃんと行くならまだましな方だ。子どもが無断外泊をした、門限を守らない、などの施設のルール違反を繰り返しているので、来て欲しい、と施設職員から言われても、

「そのくらいのこと、施設の先生から指導して下さい」

で終わらせる児童福祉司がいる。子どもの行動が改善されなければ、

「もっと厳しく指導して下さい」

と言い、電話を切った後、児童相談所の事務室で、あるいはチーム協議で、

「あの施設の職員は、本当に力量がなくて困る」

と文句を言って済ませてしまうのだ。


たまにお説教しに来るだけの児童福祉司を、子どもが信頼出来るはずがない。子どもが拒否感を表すようになると、児童福祉司は言う。

「大人のことを信頼出来ない子だから」

当たり前ではないか。最も信頼したい親から虐待されて来た子なのだ。そう簡単に大人のことなど信頼出来るはずがない。だから、児童相談所が子どもの大人への信頼を取り戻す役割を担っているのだ。それなのに、担当の児童福祉司という、子どもを守るための筆頭の存在であるはずの人間が、子どもが大人への信頼を取り戻す最初の人間であるべき人間が、堂々と、

「大人を信頼出来ない子どもだから」

と言ってしまう。それは、自分が、信頼出来る大人になれなかった、と宣言しているのと同じだ。

■家庭復帰への強引な道のり

施設というのは一生いられる場所ではない。

ひどい虐待を受けて来た子どもであっても、家に帰れるのなら帰りたい、という気持ちを持っている。だから子どもが帰っても虐待が再発することなく、安全に生活できるのであれば、家に帰すのは子どもにとって良いことだ。児童相談所の役割は、子どもを親から引き離すことではない。子どもの安全のために、一時的に子どもを親から引き離すことはするが、最終的には子どもと親が一緒に生活出来ることが児童相談所の目標だ。そのために、子どもがどうしたら安全に家庭で生活出来るようになるかを考えるのが児童相談所だ。だから、子どもを家に帰す取り組みは、児童相談所の非常に重要な仕事と言える。

児童福祉司が、施設に入っている子どもの家庭復帰に向けて取り組みを始めるのは、やはり親の意向である。仮に子どもが、

「今はまだ親に会うのは怖い」

と言っても、大半の児童福祉司は、

「とりあえず、会うだけ会ってみよう」

と言う。子どもは拒絶しているのに、何が「とりあえず」なのだろう。しかし、考えてみると、児童福祉司ほど、子どもの「会いたくない」という言葉に慣れている人はいない。児童福祉司は、子どもに嫌われることにも慣れている。だから反発されても、気にせず、自分の思う方向に子どもを説得し続けられる。

自分自身も何度も、色々な子どもに、会うことを拒絶されて来た児童福祉司は、

「担当なんだから会わない訳にはいかない」

という力技で、施設職員に子どもを説得させ、その上で半ば無理やり子どもと会い、そして、言いたいことだけ一方的に伝えることに慣れている大人の代表だ。だから子どもを説得する。一方で、親には、子どもが会いたくないと言っている、と伝えたとしても、

「これからも、私から会うように説得しますから」

と付け加える。一体、誰の味方なのだろう。

児童福祉司が、

「自分は一所懸命やっています」

ということを一番分かってもらいたいのは、子どもではなく、親なのだ。

児童福祉司の説得を拒否し切れず、子どもが親に会えば、あとは一時保護所からの引取と同じだ。親は、言う。

「ごめんね。お母さん、お父さんが悪かった」

「あなたを傷つけちゃって」

「もう、叩いたりしないから」

その言葉が嘘だとは言わない。間違いなく本心だ。ただ、その言葉は、子どもと離れたからこそ、出て来た言葉だ。あるいは、家庭でも散々繰り返し、子どもを裏切り続けた言葉だ。それでも、子どもは親への期待を、切ないくらいに、捨てられない。愛して欲しい、優しくして欲しい。離れて生活していても、子どもの心に残り続ける。そして、時間というのは恐ろしいものだ。全てをなかったものにしてしまえる。親も、子どもも。

ひどい虐待をしていた親でも、数か月ぶり、数年ぶりに子どもに会うと、「可愛い」と心の底から思う。「やっぱり、自分の子だ」。だから親は、泣きながら子どもを抱きしめる。

そんな感動の場面を私は何度も見て来た。しかし、残念なことに、その気持ちは続かないのだ。離れているからこそ生まれた一時的な感情に過ぎないのだ。着古して、どれだけ汚れても構わないと、半ばゴミのように扱っていた洋服がある日突然、見当たらなくなった時に似ている。あるいは、決して高額ではなく、気が向いたら買おうと思っていたものが、ある日突然売り切れになっていた時とも似ている。人は、手に入らない、と思うと急激に欲しくなる。

そして子どもも、一度親に会うと、親の豹変に感激する。

「今度こそ、本当にお父さん、お母さんは変わってくれた」と信じる。そうなると、面会は繰り返される。

■「今度こそ、叩かないよ」は信じられるか?

家庭引取に向けての方向性が出されると、外出が許可される。施設からの外出の時、引取りのために親は精一杯努力する。子どもが喜ぶように、外食をしたり、遊園地に行ったり。もちろん、子どもは大喜びする。だから、当然のことながら、「良好な親子関係」を児童相談所は確認する。

次のステップは、家への外泊である。

外泊は最初は、土日だけである。子どもは施設から地域の学校に通っているため、学校を休ませるわけにはいかない、という前提である。

面会、外出、外泊を重ねてゆくうちに、子どもは確信するようになる。

「今度こそ、お父さん、お母さんは変わってくれた。優しくなってくれた」

そして親は言うのだ。

「離れていて、寂しい」

これも本心だ。確かに、物理的に、家族が一人減れば、寂しいのは当然だ。しかし、離れていて寂しい思いをしたからと言って、再び一緒に暮らし始めて、虐待しないということにはつながらない。

週末外泊を重ね、問題がなければ、長期外泊となる。やはり、子どもが学校を休まなくて良いように、という配慮のもと、ゴールデンウィークや春休み、夏休み、年末年始を含む冬休みなどに長期外泊が行われる。

長期外泊で問題がなく、親子共に一緒に住みたい、という気持ちが変わらなければ、子どもは家に帰ることが決定される。しかし施設入所の理由が虐待である場合、「措置停止」という児童相談所の決定がされる場合がある。この措置停止とは、施設は退所するが、施設入所措置は一時的に停止しているだけで、虐待が再発すれば、子どもを施設に戻す、という期間だ。この間は、施設も入っていた子どもがいつ戻って来ても良いように、定員を空けておくことになっている。

現状の児童相談所が出来るのはこれが限界だと思う。かなり丁寧にステップを踏むようになった、と言ってよい。面会、外泊を重ねて問題がなかった親子を、一緒に住まわせない理由はない。そこに間違いはない。

しかし、施設から家に帰った子どもに対する虐待の再発率は驚くほど高い。さらに、施設入所していた子は「虐待ハイリスク」とされるが、現実に施設を出た後、丁寧に児童相談所が関わっていることはほとんどない。そのため、全国を見れば、施設から家に戻ったところ、虐待が再発し、子どもが死亡した事例がたくさんある。ある市の虐待死による死亡検証報告には、「リスク要因が多いケースにも関わらず、家庭引取の判断、その後の関係機関への情報提供などが担当者レベルでなされ、組織的対応がなされていなかった」とある。今でこそ、東京は、家庭引取を担当者だけで判断することはないが、「家庭引取の方向で進める」という判断が、児童福祉司個人に委ねられているのは変わりない。過去に、どれだけひどい虐待があったとしても、一度、家庭引取の方向で話が進み始めると、今まで書いてきたように、かなり高い確率で家庭引取となる。

家庭引取のプロセスで、問題なのは、虐待を発見出来る要素が極めて少ないということである。親が子どもを叱る、というのは日常生活をスムーズに送らせるための場合が多い。早く起きなさい。早くご飯を食べて歯を磨きなさい。宿題をやりなさい。こうした親の注意に子どもが従わないことが、虐待にエスカレートする。しかし、施設からの外泊は、こうした日常を営むための、親の関わりは必要がない。学校がないだけで、親の子育ての負担はかなり減る。だから施設からの長期外泊中の虐待リスクは低い。そのことは児童相談所も分かっている。

虐待の再発可能性を見極めるのが極めて難しいのは確かだ。長期外泊を実施し、その間に何も起こらなければ、「再発可能性は低い」と判断し、それ以上施設入所を引き延ばす理由を、児童相談所は持たない。しかし、子どもを施設から家に帰してしまうと、結局、「児童福祉司指導」となり、様子を見るだけとなり、虐待の発見が遅れるのが現状だ。それが虐待死を防げない一つの要因だ。

だからこそ、親がどうして虐待をしたのか、その原因を分析することが必須なのである。どのような状況になると、親の虐待再発の可能性が高まるか。そのことを児童福祉司が十分理解する事は重要だ。そして、改めて虐待の再発率をデータにし、まずは児童福祉司全員が、そのリスクの大きさを認識すべきだ。そして、今までとは異なるやり方で、虐待の再発を防ぐ方法、再発した時の対応方法、早期の発見方法を考えるべきなのだ。

そして児童相談所において、十年ほど前から「家族再統合事業」すなわち家庭復帰に向けての事業が重視されるようになり、児童相談所は家庭復帰を急ぐようになった現実がある。家に帰れる子どもを帰すことは重要だが、中には帰せない子も確実に存在する。児童相談所の職員は、「どんな親だって施設よりも家にいた方が幸せ」という考えにとらわれないことが必要だ。家に帰ることが不幸につながる子どもがいる。決意しても、努力しても、虐待を繰り返してしまう親はいるのだ。

■児童心理司の問題

児童福祉司の問題点についてばかり書いてきたが、児童心理司に問題がない訳ではない。児童心理司に関しては、東京都では心理職として採用試験に合格した人間に限られる。

心理学の専門知識があるのが絶対条件となる。

児童相談所の中で、児童福祉司と比べると、児童心理司の地位が低いことはすでに書いた。しかしこれでもかなり地位は向上した方だ。日本において、トラウマ（心の傷）という言葉が知られるようになり、心のケアの重要性が世間に広まったおかげで、児童心理司は専門家として認められるようになったのだが、私が児童相談所に配属された当初は、とにかく「心理診断って何をするのか分からない」と思われ、「心理さんは何をしているのか分からない」と思われていた。当時の児童福祉司は、不登校の子どものプレイセラピーを続けていたら、

「心理の人はいいね、子どもと遊んでいるだけで」

と真剣に言ったものだ。

それでも新人時代の私は恵まれていた。児童福祉司を含め、優秀な先輩が周りにいたし、全員ではないが、真剣に子どもを思う人たちがいた。新人の頃に、ベテランの児童福祉司から、

「専門家なんだから、印象で判断してはいけない」

「児童福祉司と同じことをするだけでは困る」

とアドバイスされたことは心に残り続けている。

児童心理司は専門家なのだから、児童福祉司と同じことをしているだけでは不十分である。そして、印象で発言してはいけない。一般の方からすると、これはあまりに当然のことかもしれないが、この、児童心理司としての専門機能が今の児童相談所では機能していない。

■ケアの方針を決める「心理診断」

児童心理司の仕事内容として最も重要とされているのが「心理診断」である。心理診断とはすなわち、子どもやその家族の抱える問題に応じて、知能検査や心理検査を行い、子どもの心の状態を判断し、今後必要なことを心理学的に分析することである。

しかし、現在の児童心理司の行っている心理診断の問題は大きい。児童相談所にはたくさんの心理検査があり、知能検査も何種類かあるが、まず検査をするかしないか、そしてどういう組み合わせで検査を行うかは児童心理司に一任されている。だから、検査をしないで「心理診断」する児童心理司も存在する。

「知的には問題はない〝印象〟でした」

「特に傷ついている〝様子〟はありませんでした」

心理診断であるのに、印象だらけの児童心理司のプレゼンも山ほど聞いた。児童福祉司と違い、児童心理司には、「検査」という子どもの心を知るツールがある。それなのに、それを使おうとしない。心理の専門家とは言え、話をしただけで人の心が分かる訳がない。しかも、「印象」で心理診断を終える児童心理司の大半は、一度しか子どもに会っていない。一度しか会っていなくて、その上、心理状態を印象で判断するのなら、やっていることは児童福祉司と変わらない。

形だけ検査をして、何の分析も出来ていない児童心理司のプレゼンもたくさん聞いた。これは児童福祉司にも多いが、心理診断はとにかく知能指数（ＩＱ）だけ測ればよいと思っている児童心理司も増え続けている。そして、すべての問題を、

「この子は知的に低いので」

で片付ける。この時だけは、妙に児童福祉司も納得する。親とうまくいかないのも、親がこの子に手を挙げてしまうのも、虐待されてしまうのも全て「子どもが知的に低いから」。知能指数なんて瞬間的なものに過ぎない。一年ごとに知能指数を測り続けた子の中

には、毎年数値が変化する子は少なくなかった。そして知能指数を下げる要因が、環境である場合も多いのだ。

子どもに絵を描いてもらうのも、心理検査の一種だ。負担も少ないのでやりやすい検査だが、せっかく描いてもらったのに、

「絵の〝印象〟としては」

と、やはり専門家としては考えられないことを児童心理司がプレゼンする。

「心理診断は『診断』なので、〝印象〟で判断しないでください」

これも何度も会議で指摘しなくてはならなかった。

「傷ついている様子はない、と判断した理由は何ですか？」

と尋ねたことも少なくないが、

「元気な様子だった」

とか、

「学校では問題なく、明るく過ごしているので」

と、やはり児童福祉司と同じ答えしか聞かれなかった。

検査の取り方はマニュアルを読んで知っていても、分析出来ない児童心理司が増えた。児童心理司は、心理診断を終えると、「心理所見」という文書を書かなくてはならない。その文書は子どもや家族の抱える問題の原因の分析が書かれているべき文書で、今後必要なケア、サポートの内容が書かれているべき文書だ。しかし、児童心理司の会議でのプレゼンを聞いても、所見を読んでも、書いてあるのは子どもの風貌や、子どもと話した内容、子どもの趣味などだけで、分析にはほど遠いものばかりだった。ある児童心理司は、

「この子は、外国人の俳優の〇〇に似ていて」

と会議でプレゼンした。それは心理学的に重要な情報ではないだけでなく、単なる主観に過ぎない。

プレゼンを聞いても、所見を読んでも、その子や家族の抱える問題の原因は分からない。「心のケアが必要」とか「親への指導が必要」という結論だけは出されていても、どうしてそういう結論が出たのか、プロセスが全く分からない。

■軽視される子どもの心理

そして、児童心理司の意見は、必ずと言ってよいほど、児童福祉司の出す方針と一致していた。児童相談所において、児童福祉司の権限は強大だ。だから児童心理司の意見が通らないことは日常であり、児童心理司は、児童福祉司の意向に沿った心理所見さえ書けば良いと思っている。全てが児童福祉司主導の児童相談所において、児童心理司は自発的な仕事をする必要はないのだ。新人の児童心理司は、先輩たちを見て学ぶ。自分の仕事は、「心理診断」をすれば終わりだ、と。

そんな状態だから、会議のプレゼンでも児童心理司は軽視される。会議資料には児童心理司が心理診断を入力する欄があるが、ある児童福祉司は、会議前日に「適当にちゃちゃっと入れといて」と頼んでいた。管理職も児童福祉司も、心理学に関する知識は乏しい。だから会議で、心理診断の内容が協議されることはなく、たとえ心理診断が表面的であっても、分析などなされていなくても、それは協議の対象とはならない。

分析をしようとしない児童心理司には、本当に見えないのだ。子どもの心が。だから掘り下げることが出来ない。子どもの心を分析し、掘り下げ、子どもと家族の中で起こっている問題の原因が見えた時の、

「これでこの子を、この家族を助けてあげられる」

という、達成感と爽快感を知らないのだ。心理診断は会議のためにやるのではない。子どものこれからのために必要なことだ。会議で協議の対象にされないのであれば、誰もが軽視できないようなプレゼンをすべきなのだ。

■児童心理司も「会いに行かない」

施設入所のところでも触れているが、子どもが施設に入所した後、児童心理司は児童福祉司以上に、子どもに会いに行かない。「継続的な心理ケアが必要」と会議でプレゼンしていても、会いに行かない。これも悪しき風習だ。

昔は児童心理司が主導の「心理療法」が行われていた。通所による心理治療は児童心理司に任されていた。心理治療の経験は児童心理司として重要だ。私も子どもの心理治療を通して、多くのことを学び、子どもの心が回復してゆくということはどういうことなのかを学んだ。そして子どもから喜びを与えてもらった。

何らかの問題を抱えている子どもと定期的に会う、一緒に遊ぶ、何かを作る、これこそが、児童福祉司からは「心理は子どもと遊んでいるだけ」と言われていた部分だが、それは児童福祉司が心理治療の重要性と効果を知らなかったからだ。しかし今や児童心理司が、心理治療の効果を知らない以前に、やり方を知らない。

施設に訪問して子どもに会い続けることも、心理療法の一つとして重要である。毎回深刻な話をする必要はない。子どもが、

「この人は、自分のことをちゃんと心配してくれている」

「何も言わなくても来てくれる」

と感じてくれるだけでも意味がある。

児童心理司の役割は、

「あなたのことが大事だよ」

と子どもに伝え続けることだ。どんな言葉が一番子どもに響くのか、それは心理の専門家こそが知っていなければならないことだ。

しかし児童心理司が施設に子どもに会いに行くのは、児童福祉司に頼まれて、児童福祉司と一緒に行くか、やはり児童福祉司に頼まれて、「何かあった時に」心理面接をするか、のどちらかだ。結局、やっていることは児童福祉司と同じだ。だから子どもにとっても、

児童心理司は、児童福祉司と同じような存在だ。悪いことをした時に来る人。何かあった時にしか来ない人。そして話す内容も児童福祉司と同じで、お説教。子どもに信頼される訳がない。

定期的に施設に通う、ということは職員との信頼関係を結ぶことにもつながる。私は、施設で問題を起こし続ける子どもや、職員への反発を繰り返す子どもなど、施設職員が困っている子どもには、月に一度定期的に訪問していた。

施設職員はプロではあるけれど、人間なのだから、反発されたり、子どもが暴れたりすれば、当然傷つくし、疲れる。その子を施設で面倒見続けられるのか、不安にもなる。そういう時こそ、児童心理司の出番だと私は思う。子どもの気持ちを聞き、職員の望んでいること、児童相談所の望んでいることを伝える。それはお説教ではない。穏やかに、楽しく生活して欲しい、職員と仲良くして欲しい、職員もそれを望んでいる。そして、一か月後に、少しでも子どもが良くなっていたら、とにかく誉める。学校に行く、暴れない、反抗しない。それが普通のこと、当たり前のことであっても、今まで出来ていなかった子が出来るようになればそれは確実な成長だ。月に十回暴れていた子の暴れる回数が月に九回になった時に、減ったことに気づいて誉める大人は少ない。それこそが児童心理司の仕事だ。

施設職員に対しては、今後、子どもにどう接することが効果的か、アドバイスする。そして、とにかくねぎらう。大変さを共有する。根気よく面倒見続けてくれていることに感謝する。お願いしている児童相談所が、施設職員に感謝することで、職員が子どものために頑張り続けてくれるのだ。

そして、定期的に施設を訪問し、職員と子どもの大変さを分かち合い続けることで、施設職員は、

「この子のことをよく分かってくれている人」

と思ってくれるようになるので、なんでも一番に相談してくれるようになる。子どもの状態がよく分かるようになる。

そして、時間が経つうちに、

「一年前と比べれば、ずいぶん良くなりましたね」

と子どもの成長もまた、分かち合える。お互いに、自分たちのやってきたことの成果を

感じられる瞬間だ。

■本当の心理ケアとは何か？

では、実際には、施設に子どもに会いに行かないにも関わらず、会議で児童心理司が頻繁に言う「定期的な心理ケア」とは何を意味しているのか。虐待を受けた子や、心に傷を抱えた子について、児童心理司として、「心理ケアを継続」と言えば、心理としてきちんとした判断をしたと、会議で認められると思っているに過ぎない。

「心理ケアって、何をするんですか？」

という質問には大抵、こう答えられた。

「継続的な心理面接をします」

なんでも、「心理」とつければ専門的だと勘違いしている人間が使う言葉だ。心理ケアの中身は心理面接。心理面接の中身の実態は、

「最近どう？」

と尋ねることぐらいではないか。教えてあげたい。それは世間話だ。あるいは、施設で問題を起こした子に、お説教をすることを心理ケアだと思っている者もいる。やはり教え

てあげたい。それは、素人の児童福祉司でも出来ることだ。やっていることだ。

では、施設に入った子どもに対する心理ケアとは何か。

虐待を受けて来た子ども、心に傷を抱えた子どもは、過去の傷が原因である症状をたくさん抱えている。夜眠れない、いつも怖いことが起こる気がする、ここにはいないお父さんやお母さんの声がする、誰かに襲われそうで怖い。

こうした症状は、日常生活の中だけでは周囲の大人に気づかれないことが多い。だから本人は症状を一人で抱えたまま、苦しみ続けることになる。しかも、子ども本人はその症状の原因に気づいていない。

だからこそ、児童心理司のやるべき「心理ケア」の一つは、外からは見えない、子どもの心の状態を見ることだ。フラッシュバックはどの程度起きているか、それが生活に支障を来していないか、学校の先生や施設の職員から、「問題」とされている行動の原因に虐待のトラウマがどの程度影響しているか、回復には何が必要か、それを児童心理司が見極めるのだ。

虐待からの回復に重要なのは、まずは、安全で安心できる、怖いことの起こらない毎日の生活である。それは施設の中では保証されている。だから、毎日叩かれることがなく、食事もきちんと与えてもらえることで日常生活に支障がないレベルまで回復出来る子もいる。

しかし、心の傷があまりに深く、症状が改善されずに、生活に支障を来し続ける子もいる。

児童心理司の役割は、子どもの目に見えない心の状態を把握し、どんな症状を持ち続けているかを把握し、その症状が現在の子どものどんな行動に結びついているかを分析することである。そしてその原因と行動について職員に説明するのが、児童心理司の重要な役割だ。

学校に行かれないのは、決して怠けではないこと、授業に集中出来ないのは、発達の偏りによる落ち着きのなさではないこと、注意しても忘れてしまうのはわざととか、忘れたふりではないこと、それを説明した上で、どのように接してあげるのが回復につながるかをアドバイスする。

一見すると順調に生活を送っているように見える子でも、心の状態が完全に回復している訳ではないことは多い。だから児童心理司は、問題を起こしている子どもだけでなく、順調に生活を送っているように見える子どもの心の状態もチェックし、個々の子どもの心の回復に必要な心理ケアプログラムを考え、そして自分自身が子どもに対してすべき心理治療の内容を考えなくてはならない。

この本は心理のマニュアル本ではない。虐待を受けて来た子どもそれぞれに対して、それぞれの症状に対して、児童心理司が何をすべきか、どんな言葉をかけ、どんなカウンセリングをすべきかを書くつもりはない。その通りにやられては困るからだ。なぜなら、私はあらゆる児童心理司たちが担当し、対面している子どものことを知らない。心理ケアの内容は、子どもそれぞれで違うべきだ。そしてその内容は担当の児童心理司にしか、分からないはずだ。

もし、心理ケアの内容として「世間話」以上のことは思いつかず、マニュアルに頼るしかないのであれば、そんな児童心理司は児童相談所には、必要ない。

在宅での児童福祉司指導中の子どもへの心理ケアも同様だ。

指導中の親子を児童福祉司が児童相談所に呼び、親子面接に同席した後、

「じゃあ、心理さん、子どもの話を聞いてあげて」

と言われ、児童心理司と子どもの二人で、別室で面接する。児童心理司は尋ねる。

「最近、叩かれたりしていない？」

別室で個別に子どもから話を聞くのは大切なことだ。しかしそれは、子どもと児童心理司の関係が、子どもが誰にも言えない秘密を明かしてくれる関係でなければ意味がない。児童心理司と一対一になっても、子どもたちが、親と児童福祉司がいた時と同じ答えをするのであれば、児童心理司に話すことに子どもが意味を感じていないということだ。

では、子どもが児童心理司に、

「さっき言えなかったけど、本当は叩かれているんだ」

と言った時、児童心理司はどうするか。結局は、児童福祉司にその内容を伝え、児童福祉司に判断を委ねるだけだ。児童福祉司が、

「お父さん、お母さんには私から注意しておく」

と、子どもに言い、親に叩いたことを注意する。それは、子どもが望んだことだろうか。

あるいは児童福祉司に、

「また叩かれたら必ず言って、と子どもに伝えておいて」

と言われ、児童心理司がその通りに子どもに伝える。子どもは傷つき、裏切られたと思うだろう。

「この人は心理司さんで、心の専門家だからね」

という児童福祉司の表面的な紹介を信じて、救いを求めたのに。

児童福祉司の判断が、児童心理司よりも優先されるのは児童相談所の権力構造によるものだ、ということに何の違和感も抱かず、子どもの言うことを児童福祉司に伝え、判断を委ねる。それが児童心理司の仕事だと思っているのだとしたら、それは児童心理司とは呼ばない。単なる、伝書鳩だ。その立場に児童心理司が甘んじて、児童心理司としての主張をしないから、だから児童心理司の意見は軽視され続けて来たのだ。

児童相談所の機能強化のための専門家の増員。それがマスコミで言われるたびに違和感を抱く。児童心理司が専門家に含まれるのであれば、今のような児童心理司が増えたところで児童相談所は変わらない。やっていることは素人の児童福祉司と同じか、それ以下だ。

第6章　児童相談所が虐待をなくせない理由

■子どもの心理――大人の本質は見抜かれている

ここからは、児童相談所が関わる中での、子どもの心理について説明してゆきたい。

まず、虐待について、学校で子どもと面接をし、聞き取りをする場合である。

この時、児童福祉司あるいは児童心理司が子どもに対してする質問に大きな差はないはずだ。「叩かれていないか」「食事を抜かれていないか」「家から閉め出されることはないか」――質問内容は決して間違っていない。しかし、子どもが家庭内で起こっている虐待について、他人に告白するのには、勇気がいる。目の前にいるのは、「児童相談所の人」ということを聞いても、児童相談所について詳しく知っている子は少ない。そして児童相談所の人間の子どもに対する説明は不十分だ。

「あなたのことを助けるから」

と言われても、どういう風に助けてもらえるのか、子どもは説明されていない。つまりは、自分の安全が保障されていないのだ。そもそも、虐待を受けている子どもというのは、真実を告白してしまったら、そのことはきっと親に伝えられ、家に帰った時に、自分はもっとひどい目に遭うだろうと思っている。だから本当のことが言えなくなってしまうのだ。

どのように自分の安全が守られるか、説明されてもいないのに重大な秘密を明かせるはずがない。

しかし、子どもが虐待されていない、と言えば、児童福祉司はその言葉を信じる。子どもは落胆する。言えないけれど、察して欲しい。それが子どもの本心だ。本当は、助けて欲しかったのだ。しかし、気づいてもらえず、子どもはさらに口を閉ざすことになる。大人は結局何もわかってくれない、という気持ちを強めるのだ。

そして、子どもというのは、大人の本気の度合いをすぐに見抜く。助けてあげる、と言っている目の前の大人は、自分を本気で助けようとしているのか。「あなたのことが心配だから」という言葉を信じて良いのか。子どもは直感的に見抜くのだ。児童福祉司、児童心理司の事を「信頼出来ない」と思えば、子どもは口を閉ざす。「一応」「とりあえず」会うだけ会って話を聞いておこう、という大人の子どもを軽んじた態度は確実に伝わってしまう。そして大人に対する不信を強めてしまうのだ。児童相談所の職員は、子どもに会う時には、「何がなんでもこの子を助ける」という覚悟を持たなくてはならない。その覚悟がなければ、子どもに会うことだけで、子どもを傷つける事になりかねないのだ。

次に非行の子どもについて、である。

非行の子どもも、子どもというのは、すぐに大人の本質を見抜く。児童福祉司が自分のことをどう思っているか、どうしたいと思っているか、そして本気か本気ではないか、言う言葉は本心か、嘘か。子どもは考える。どうしたらここに来なくて済むようになるかを。一時保護された子は、どうすれば自分は早く家に帰れるかを。

決定権を握っているのは児童福祉司であることは、最初に知らされる。だから子どもは児童福祉司を攻略すれば、早く帰れる、ということが分かる。

子どもに対して児童福祉司が最初から繰り返して言うのは、「反省」である。だから、

「反省しています」

と言って反省しているふりをし、児童相談所に来て児童福祉司と会っている時だけ、一時保護所にいる間だけ「いい子」にしていれば、帰れるのだ、と子どもはすぐに分かる。だから児童福祉司に対して、神妙に、反省しているふりを続け、自分がどうして悪いことをしてしまったのか、その理由も納得してもらえるような内容を考え、もう二度と悪いことをしない、と約束する。悪い仲間とも縁を切るし、学校もきちんと通い、親の言うことを聞いて、お手伝いもする、と自ら話す。

すべてはその場限りである。児童福祉司の本質を見抜いて、見事に演じきった子どもは、一時保護所を出た瞬間にガッツポーズをして、児童相談所に向かって舌を出しているに違いない。

すでに書いたとおり、現状の一時保護所は、子どもにとって厳し過ぎる。携帯電話を持てないだけでも、今の子どもには死活問題である。そしてルールが厳しい上に、職員はいつも怒鳴っている。家庭で、ひどい虐待を受けて来た子すらも、「家に帰るのは本当は嫌だけど、ここ（一時保護所）にいるよりも家の方がまし」と、家に帰る選択をする。こんなことは、起こってはいけないのだ。それなのに、子どもが家に帰る、と言えば、児童福祉司はどんな理由であれ、歓迎する。子どもは、再び虐待を受けても、一時保護所に入るのが嫌で、助けを求めない。

児童相談所が関わった多くの子どもは、児童相談所に拒否感を抱く。その拒否感は大人になってからも、「役所には頼らない」「相談しない」という気持ちとして残り続けてしまう。そう思ってしまった子どもが大人になり、子育てが出来ない、子どもが可愛くないと苦しんだとしても、絶対に児童相談所には相談しないだろう。しかし、過去に児童相談所が関わったことのある母親についての虐待通告を受けたら、児童相談所の側は、母親の子どもの頃の相談歴を見て、「相談歴がある子」と、マイナス要因として判断する。そうではなく、自分たちが救えなかった結果なのだ。児童相談所側の自分へのマイナス評価を感じ取ったお母さんは、自分の子ども時代の記憶を思い起こし、さらに、児童相談所になんて絶対頼らない、という気持ちを強めるのだ。

児童相談所は、子どもにとって、強烈な記憶として心に残る。だからこそ、児童相談所の関わりは良い思い出として残って欲しい。子ども自身には児童相談所が関わったことは何らかの意味があったのだ、と思ってもらえる場所でなくてはならないと思う。事実、児童福祉司も、児童心理司も子どもにとって頼れる存在になれるし、後々感謝してもらえることだって出来るのだ。

■児童福祉司の心理――「虐待」を見過す大人たち

ここから、この本の最大のテーマである、児童福祉司の心理について詳しく述べようと思う。児童福祉司は、通報された虐待が疑われる案件も、「虐待」としては受けたがらない。なぜ、児童福祉司は虐待を「虐待」として受けたくないのか、担当のケースとして持ちたくないのか。なぜ出来るだけ早く終えようとするのか。

まず、児童虐待への取組強化が要因の一つである。児童福祉司には全てを決定出来る権限があると言っても、虐待に関しては、管理職のチェックを受ける。経過の報告が必要であり、放置しておくことは出来ない。そして、終了させるにしても、他の相談に比べれば、ハードルが高い。だから、早く終わりにしたいのだ。あるいは、「虐待」ではない相談としたいのだ。最初は虐待としての近隣通報であっても、訪問すると、親が子育てに困っていて、相談の意志がある場合、多くの児童福祉司は「虐待」の相談を終了し、「しつけ相談」や「性格行動相談」に切り替えてしまう。そうすれば、進め方は全て児童福祉司次第であり、管理職からもノーマークとなる。終了の仕方も、「お母さんに相談の意志が無くなった」だけで十分である。すでに、虐待ではないのだから。

そして、児童福祉司が虐待を担当として持っていたくない最大の理由が、今までも書いてきた親との敵対である。親と敵対すること、イコール、苦情対応が増える、ということになる。

怒鳴る親、威嚇する親、「死んでやる」と騒ぐ親。「子どもを帰すまでつきまとい続けてやる」と脅迫する親もいる。怪我をさせられた児童福祉司もいる。訴えられた児童福祉司もいる。責められ続けたくない、と思うのは当然である。

そして、親が子どもを虐待する、という事実から、目を背けたい児童福祉司もいる。だから、虐待を「なかった」こととして終えようとする児童福祉司が多いのだ。そして親が子どもを叩くのが、なぜ悪いのか、理解出来ていない児童福祉司もいる。叩くのも、怒鳴るのも虐待である。児童虐待防止法でそのように定められているし、児童相談所としても「虐待」と判断しなくてはならない。表面的には理解しているが、本当に深刻な、命に関わる虐待ではない限り、親の行為に「悪」を感じられていない者がいる。だから、相談内容としては虐待として受けるが、虐待として指導を継続する必要を感じないし、早々に終えたがるのだ。

虐待に対して悪を感じないのだから、当然、子どもの心の傷も理解出来ないし、想像出来ない。叱られる時に叩かれる、怒鳴られる。そのくらいは誰もが子どもの頃体験して来たことだと思い込んでいて、相当程度の傷・あざや衰弱がない限り、虐待を悪と思えないのだ。児童福祉司が子どもの一時保護や施設入所をしたがらない理由はここにもある。そして、表現の手段が少ない子どもの言い分よりも、親の言い分の方がはるかに分かりやすい。それは言葉巧みなだけなのだが、児童福祉司にとって親の言い分を信じる方が、根拠があると思えるのだ。だから、親の反対を押し切ってでも施設に入れる理由が見つからないのだ。

つまり、児童福祉司は、虐待する親から、子どもを引き離すことに正義を感じていない。「殺されそうな子ども」以外には。これが児童相談所の判断基準となっている。

しかし、児童福祉司に対しても、同情の余地はある。そもそも児童相談所は、児童虐待を取り締まり、防止するために作られた組織ではない。歴史を振り返れば、児童相談所は、戦争による孤児、貧困を救済する為に作られたのだ。虐待への取組強化は後から厚生労働省によって追加されたのだ。

児童福祉司は、虐待に取り組もうと思って児童福祉司になった訳ではない。「相談」に乗りたいと思って児童福祉司になった人間にとって、親を厳しく指導し、敵対する、ということは自分の描いていた仕事の内容とははるかに異なる。そして、福祉を学んでも、社会福祉士の資格を取っても、心理を学んでも、虐待する親にどんな風に指導をすれば虐待はなくなるか、という具体的な方法は誰も教えてくれない。虐待された子どもの心理を知る方法も、どんな風に接すれば心を開いてくれるのかも、誰も教えてくれないのだ。

しかし、今や児童相談所で児童福祉司でいる限り、虐待対応は主たる仕事だ。自分には虐待だとは思えなくても、「虐待だ」と親に厳しく指導しなくてはならない。その結果が苦情だ。しかも子どもは懐いてくれない。

だから、ほとんど全ての児童福祉司は成功体験を持たない。この仕事をしていて、「あの時無理やり子どもを親から引き離して、本当に良かった、子どもに感謝された」、という経験がないので、意欲ばかり下がってゆく。それが、今の児童相談所で働く、児童福祉司なのだ。

しかし、児童相談所は、児童福祉司は、そうあってはいけない。子どもたちのためにも、児童相談所は変わらなくてはならないのだ。

児童相談所が変わる、ということは、児童相談所の職員が救われる、ということにつながるのだ。

第7章　なぜ虐待は起きるのか

なぜ、親が子どもを虐待するのか、疑問を抱いている方も多いだろう。そして、報道を見て、親としてはもちろんのこと、人として、どうしてこんな壮絶な虐待が出来るのか理解出来ない方も多いだろう。この章では、虐待者の心理、そして、虐待されて来た子どもの行動特徴から、虐待がエスカレートする構造も分析したいと思う。

■身体的虐待――「痛い目に遭わせる」

乳児に対する虐待のなかで、赤ちゃんを激しく揺さぶる、シェイクンベイビーシンドロームに関しては、親の「無知」が原因であることは多い。どの程度の揺さぶり、遊びとして投げることが赤ちゃんの頭蓋内の出血になるのか、知らない親は多い。シェイクンベイビーについては「見て分かる」ものではないため、虐待の通報はほぼ病院からである。親の無知による怪我であれば、親を教育することでの改善は期待できる。

赤ちゃんの泣き声、夜泣きに耐えられない。これは、赤ちゃんに対する虐待のきっかけの一つである。また、母親が育児ノイローゼになり、虐待につながる、というきっかけでもある。お母さんは子どもを可愛がっていても、父親がうるさくて頭に来て、子どもの頭を叩いたり、布団の上に投げつけたりすることは虐待の一つとしてある。赤ちゃんにとって、泣くのは、全ての感情表現であり、生命に関わる訴えの手段である。しかし、その泣き声に耐えられない親はいる。子どもの口にタオルをあてる、ガムテープを張り付ける、という人はいる。子どもの口にガムテープを張り付けたお母さんは、

「犬のしつけと同じだと思って」

と言った。赤ちゃんの泣き声がうるさいのに耐えられずに叩いたり、口をふさいだり、あるいは押し入れに閉じ込めたりする親は、虐待が続く可能性が高い。親の心理は単純であり、うるさいのに耐えられないだけである。単純な故に、その感情を抑えさせることは出来ない。親が未熟なのだ。

身体的虐待を繰り返す親には、前にも書いた通り、「痛い目に遭わせないと分からない」と思っている親がいる。どんなに危ないと繰り返しても、子どもがお母さんの料理中に、火に手を出そうとするので、「実際に熱い思いをさせないと分からない」と思って、子どもの手を火に近づけた、というお母さんがいた。

実際は、叩くこと、痛い目に遭わせることに、子どもの行動を変える効果はない。しかし、しつけとして正しいと思っている親の考えはなかなか変わらず、虐待は繰り返される。

そして「自分が殴られて育ったから、殴って育てる」という親も、その考えを変えることは難しい。他に手段を知らないからだ。そして、自分の子育てが虐待であると認めることは、自分も虐待されて来たということを認めることになってしまう。だから虐待を認めたがらない。こうした親は、外でも子どもを叩くし、外の人にも叩いていることを隠さないことが多い。

また、人間の暴力というのはエスカレートする。一度、叱る時に叩くことが習慣化してしまったお父さん、お母さんは、子どもが言うことを聞かないと、一発が二発になり、徐々に叩く回数が増えていく。叩く回数が多い方が、効果があると勘違いするのだ。だからこそ、初期の段階から、繰り返しの指導が重要なのだ。人前で子どもを叩いている親を見たら、家の中ではもっとやっていて、これからもエスカレートする可能性がある、と判断して良い。また、スーパーなどで、子どもを叩く真似をする親がいるが、子どもが身構えるような態度を取ったら、家で叩かれている、と判断して良いだろう。

■不満のはけ口に子どもを選ぶ親

悪意はないのだけれど、子どもが何度注意しても同じことを繰り返し、子どもの問題がエスカレートしてゆくと、怒りや悲しみを抑えられなくなってしまう親もいる。そして、自分のあらゆる感情を子どもへの暴力によって吐き出す。こうなるともう見境はついていない。長時間に渡って殴られ続けた子どもの多くは、具体的に何発殴られたか、どの位長い時間殴られたかは覚えていないが、ひどく殴られたことだけは覚えている。しかし親の側は、ひどい暴力を振るった、という自覚がない。

ここまでエスカレートすると、子どもの行動の改善と、親の叱り方を変える、ということを親子での生活を続けながらやるのは困難になる。児童相談所が家庭の中で起こっていることと全てを把握するなど出来ない。また、親も歯止めが利かなくなっている。長時間の怒鳴り声、泣き声は、この兆候を意味している場合が多いので、危険信号と判断して良い。

漠然と子どものことが「気に入らない」と感じ、些細なきっかけで暴力を振るう親もいる。子どものことが気に入らない理由として、多いのは「夫に似ている」「妻に似ている」である。この場合、夫婦間が険悪であることがベースにある。他にも、「都合が悪くなると黙る」「目つきが気に入らない」「何を考えているのか分からない」などと言う親がいる。子どもに対してこうした感情を抱くには、親の側に何らかの理由がある。例えば、夫ではなく、自分の母親、父親に似ているなど、親の元家族との関係に原因があることは非常に多い。
何となく、「気に入らない」は解決が困難だ。叩くことの原因となっている感情を解決しなくてはならないからだ。親の側の「気に入らない」という感情の原因分析、そして感情の整理が終わるまで、やはり分離が必要だ。夫婦の関係の解決も並行して行われる必要がある場合、長期化する。離婚、親権の奪い合いが始まったら、子どもは混乱するし、どちらを選ぶことも出来ないので、両親の話し合いが終わるまでは子どもは家から離す必要がある。

人間の怒りというのは向けたい相手に向くのではなく、向けやすい相手に向くものだ。だからどんな家庭でも、暴力は一番弱いものに集中する。子どもが怒りの矛先に定められると、親は気に入らないことがあれば、その怒りを全て子どもにぶつけるようになる。

■罪悪感は薄れ、快感が増す

何の理由もなく、壮絶な暴力を振るう親もいる。記憶に新しいのは、前述の埼玉県狭山市で起きた事件である。母と内縁の夫が、娘に暴力を振るい、死に至らしめた事件だ。そこに母も参加していたことに衝撃を受けた方は多いことだろう。

人間の暴力はエスカレートしてゆくとともに、罪悪感を失い、そして快感を伴うようになる。いじめも同じだ。軽い暴力だったのが次第にエスカレートし、だんだんいじめる側は楽しくなってくる。怯えている、傷ついている対象を見ているのが楽しくなるのだ。そして集団リンチに発展すると、加害者たちは完全に正常な判断力を失う。被害者が生きている人間だということすらも意識から遠のく。

虐待も、暴力が日常化すると、暴力を振るうきっかけを探し、そして次は理由さえいらなくなる。傷ついて、痛がって泣く子どもの姿を見るのが楽しくなる。狭山市の事件で、母親と加害者の男性はLINEで「帰ったらやろう」などとやり取りしていた、と報じられたが、もう自分の娘という感覚を失っていたのだろう。家庭内はまさに集団ヒステリー状態だったと思われる。私が担当した、全身傷だらけでかつ自力では歩けない状態で保護された中学生の男の子に暴力を振るったのは主として母の交際相手であったが、母も共謀していた。二人とも、

「子どもが問題を起こしたので、子どものためだと思って」

と言ったが、全身が傷だらけになるほどの暴力を、正常な判断力を持ったまま振るえる訳がない。きっかけは子どもの問題改善だったかもしれないが、エスカレートした経緯には、加害者側の判断力の狂いと快感が伴っていたはずだ。

このような悪質な虐待は、改善の見込みはない。家庭復帰の見込みもない。まず、子どもの恐怖心が消えない。そして、小学校中学年以降のある程度年齢が高い子は、さらに歳を重ねるにつれ、自分のされたことがどんなにひどいことで社会的に許されないことであるかを知るようになる。親を許せない気持ちも芽生えるし、親を親と思えなくなる子もいる。親がどれだけ反省していると言っても、万が一、子どもが家に帰りたいと言っても、家に帰すべきではない。

しかし、自分の虐待に本当に悩んでいるお母さんもいる。

高学歴で、夫も高収入、周囲からは羨ましがられるお母さんは、「完璧な家族」を演じるのに疲れていた。子どもも完璧にしなくてはならない、というプレッシャーから、子どもに勉強を教える時は、叩くことを止められなかった。中身の入ったペットボトルで子どもを叩いてしまった時、自分のことが怖くなった。夫にも、誰にも相談出来ない。追い詰められ、大きなサングラスで顔を隠して、児童相談所にやって来た。しかし児童相談所では、「あなたのやっていることは虐待です」「虐待は法律で禁じられています」「ご主人にも連絡します」と、一時間近く、責められ続けた。帰り道、涙が止まらなかった。数か月後に近隣から怒鳴り声通報が入り、やってきた児童相談所の職員に、もうお母さんは心を開かなかった。

児童相談所は従順な親には、子どもに対して同様、説教をして、傷つけてしまうことがある。その結果、虐待がエスカレートしてしまうこともあるのだ。

■心理的虐待——殴らない代わり

心理的虐待については、身体的虐待同様、「何となく気に入らない」が原因の場合が多数である。「気に入らない」理由も同様である。だからこそ、心理的虐待は、身体的虐待やネグレクトと並行している場合が多い。

そして、心理的虐待は以前より増えた。なぜなら、目に見える傷・あざを残すような身体的虐待が減ったからだ。身体的虐待が減った理由は、子どもを虐待したら、逮捕される、ということが世間に知られたからだ。そして、傷・あざがあると児童相談所が「誘拐」のように子どもを連れて行ってしまう、とネットの中で流されたからだ。

叩いてはいけないと、親たちが学んでくれたのは良いことだ。だからと言って、「言葉だけ」なら許されるということはない。

ベランダや家のドアの外に閉め出す、お風呂場に閉じ込める、買い物に行った先で置き去りにする。これは親としては、「殴らない」ための一つの手段であり、冷静さを取り戻すためと思っているが、子どもは心に深い傷を負う。

原因は親の心にある。その原因に親自身は気づいていないが、お母さん、お父さんの家族や、育てられ方が関係している場合が圧倒的だ。他には、お母さん、お父さんが精神的問題を抱えている場合もある。

徹底して子どもを無視する親もいる。怒られると数日、お母さんが口をきいてくれない、という話は、子どもからよく聞いたが、この効果は絶大だ。子どもにとって、最も怖いのは関心を向けてもらえないことだ。親に関心を向けてもらえないと、子どもは悪いことをしてでも、自分の方を向いてもらおうとする。叱られる方が、無視されるよりは良いのだ。子どもが悪いことをすることが、さらなる虐待を生む。身体的虐待に発展する。そして子どものすることに親が慣れて、叱らなくなると、子どもはもっと悪いことをする。さらに虐待がエスカレートする。親は「この子が悪いことをするから」と自分の暴力を正当化するようになり、虐待を子どものせいにする。これが、「しつけの一環」としての虐待の一つの形だ。

きょうだい間差別による心理的虐待も子どもに大きなダメージを与える。明らかに他のきょうだいと自分が違う扱いをされていることに、子どもはすぐに気づく。そして強い自己否定感を抱く。自分が悪い子なのだ、という思いを強める。だから、良い子にしようと他のきょうだいよりも必死に努力する。積極的にお手伝いをする。しかし、なぜ差別するのか、その理由は親自身も気づいていない。「何をしても気に入らない」存在になってしまっているのだから、お手伝いをしても「余計なことをして」と叱られるし、何もしないでいれば「一人だけ何もしない」と怒られる。

きょうだい間差別をするのは母親に多く、その理由は自身も分かっていない。しかし多くの場合は、そこには、自分の両親への恨みや夫への不満や怒りが込められる。行き場のない怒りを子どもに向けているのだ。

子どもを可愛いと思えない。この感情を見抜くことは難しい。しかし、兆候は、お母さん同士の会話の中で垣間見られるかもしれない。「子どもが言うことを聞かなくて困る」と学校の先生に相談するのもそうかもしれない。誰かに、「子どもを可愛いと思えない」と相談するのは、虐待発見の一つの兆候である。

■ネグレクト親の心理

大阪で、母親が二人の子どもを家に置き去りにし、子どもが餓死してしまったという事件を記憶している方もいるだろう。ネグレクトの代表的事件と言って良い。

ネグレクトの中には、子育てに関する知識のなさが原因である場合は多い。だから若年での出産は、虐待のリスク要因とされる。また、母親、父親自身が自分が育てられた時に愛情を注がれなかった、放っておかれたというのもリスク要因である。お母さん自身が自分の両親との関係が悪く、子育てに協力してもらえない、相談が出来ないのもリスク要因である。

当たり前のことだが、赤ちゃんを育てるというのは、楽しいことばかりではない。十分に愛情を注がれて育ったお母さんであっても、子育てが苦しくなる時はある。子どもの夜泣きに毎回、起きてあやすのが辛いことは誰もが感じる。夫から「うるさい」と責められるのも辛い。シングルマザーであれば、頼れる人もおらず、なお辛い。

子どもを放り出してしまいたい、いなくなって欲しい、そう思う瞬間は、お母さんであればだれにもある。

子育てのやり方が分からないまま、子育てをしているお母さんは確実にいる。あやしても泣き止まない。ミルクを飲んでくれない。離乳食を始める時期が分からない。子育てに関して、相談出来る所を知らないお母さんも多い。知っていても「相談するほどのことではない」と思うお母さんもいるし、「相談するなんて、恥ずかしい」と思うお母さんもいる。そのため、インターネットの子育てサイトの利用者はとても多いが、インターネットの情報の中には間違いもある。なにより「相談」の重要さは、誰かと対面して、自分の苦しみを言葉にし、聞いてもらい、慰めてもらいながらアドバイスをもらうことができる点にある。

子育てを手伝ってくれる人や、アドバイスをくれる人がいなければ、お母さんは追い詰められる。

「ほんの少しの時間でいいから、子どもから解放されたい」

その、ほんの少しすら実現出来ないお母さんもいる。

大阪の事件のお母さんも、「ほんの少し」と思っていたかもしれない。少しだけ、遊びたいと思ったとしても、年齢相応の欲求だ。しかし、家を空けた日数が長くなるほど、怖くなったに違いない。「死んでしまっているかもしれない」、そう思うと、現実から逃げたくなる。死んでいる子どもを見たくないからだ。「自分のやったことなんだから自業自得」なのだが、その現実を受け入れるには幼過ぎて、弱すぎた。たとえ十分に機能してはいなくても、児童相談所、という場所があり、子どもを預かってもらえる、ということを、このお母さんが知っていれば、防げた事件のように思えてならない。

■慣れて薄れる罪悪感

子どもを放置することに慣れてしまう親もいる。

二〇一六年三月、広島の呉で生後八か月の男の子が衰弱死した。床ずれもあったことから、長期間放置されていたであろうと報道された。

人間の慣れというのは恐ろしい。赤ちゃんの世話をせず、食事も与えないことに慣れてしまう。衰弱すると次第に子どもは泣かなくなる。そうなると、こうした親にとってはもういないも同然だ。本当に記憶から消えてしまう。衰弱死した赤ちゃんの胃袋から、異物が出て来る。そんな事件の報道も数多い。どうしてそんなことが出来るのか。不思議に思う人は多いだろう。しかし、慣れてしまうのだ。赤ちゃんがいる、ということすら頭から消えてしまう。このまま放っておくと、死んでしまうかも、ということすら考えなくなる。

赤ちゃんを放置している場合、外部からその事実を認識するのは極めて困難と言える。両親は外に出掛ける時は至って普通に振舞っている。罪悪感など抱いていないからだ。むしろ、煩わしい赤ちゃんの存在が頭から消え、すがすがしい気持ちでいるかもしれない。夫婦の場合、赤ちゃんがいなくなったことで、より仲良くなったかもしれない。

赤ちゃんの放置を防ぐのに有効なのは保健所の検診しかないだろう。保健所は検診を受けていない家庭の訪問が出来る。検診も受けておらず、家庭訪問してもいつも出て来ない、あるいは赤ちゃんを見せない家庭は、ためらわずに児童相談所に通告すべきだ。赤ちゃんの場合は、警察でも良いと思う。一一〇番通報すれば、警察は必ずすぐに家庭訪問するからだ。児童相談所の場合、数日、あるいは数週間かかってしまうことが多いのだ。

■親から子へ連鎖するネグレクト

親の養育能力の低さがネグレクトの原因となる場合も多い。自分自身も親に面倒をみてもらえなかった、という親は、掃除の仕方や料理の仕方が分からないことが多い。食材を買うのは買うが、料理の仕方が分からない。自分では何を買って良いか分からないので、定期的な宅配サービスを頼むのだが、結局料理方法が分からず、食材を腐らせてしまう、という親もいた。

今どき、コンビニでもスーパーでも惣菜やお弁当が買えるが、子どもの年齢相応の食事が分からず、大人と同じものを食べさせる親もいる。お父さんのお酒のおつまみをそのまま子どもの食事に与える親もいる。十分に食事を与えず、赤ちゃんが部屋の中にある食べ物を食べてしまう家庭もある。非常に辛い食べ物を子どもが食べてしまう場合もあるし、殻付きのピーナッツを殻ごと食べてしまうことも起こる。

ネグレクトの発見は、保育園や学校など子どもが属している所からの情報が最も重要である。子どもの様子から、発見出来ると言ってよいだろう。

■虐待しながら妊娠する母親たち

身体的虐待、心理的虐待、ネグレクトをしてしまう母親の中には、「幸せになりたくて子どもを産んだ」という女性がいる。出産の前には、「幸せになりたくて結婚した」のだ。

しかし、結婚しても幸せにはなれなかった。だから子どもが出来れば今度こそ幸せになれる、と思って出産する。しかし、子育ては大変なばかりで、やっぱり幸せにはなれない。出産してからそのことに気づく。

そして子どもを虐待してしまう。幸せになれない原因はその女性の過去にある。過去の不幸を嘆き続けているのだ。どうして私はこんなにも不幸なのか。過去に戻ることは出来ない。それなのに、過去を恨み続けている。つまり、今を生きていないのだ。だから「今」に幸せを感じられないのだ。しかし本人はそのことに気づいていない。だからまた子どもを作る。「今度こそ」「この子さえ生まれれば幸せになれる」と、心の底からそう思う。しかしやっぱり、一人目と同じで幸せになれない。そこで、また子どもを虐待してしまう。すると三人目を産めばと考える。だから、妊娠中が最も精神的に安定している。

こうした女性が虐待をやめるには本人自身が過去の不幸を解消する治療を受けなくてはならず、かなりの時間がかかる。また、人を信じていないので、人に頼ろうとしないため、治療につなげること自体が困難である。一人目を虐待していながら、「幸せになるために」二人目を産もうと考える女性は、虐待を繰り返す可能性が高いと言って良いだろう。

■隠される性的虐待

性的虐待の具体的事例は絶対に公表されるべきではない。しかし、そのため、多くの人は日本の性的虐待の事情を理解していない。この本でも、性的虐待の内容について書くのは、この章だけにとどめたい。ただ、日本でも性的虐待はあり、被害にあった子どもは生涯苦しみ続けていることは知っておいて欲しいと思う。

性的虐待には、「家庭内レイプ」と「DV型」があり、家庭内レイプはまさにレイプであるが、DV型は、加害者が被害者を恋人のように扱い、全ての行動を徹底管理する。

家庭内レイプはきょうだい間でも起こっている。兄から妹、弟から姉などである。性的虐待に関しては、単発でたった一回、ということはほぼなく、繰り返される。加害者の心理は分析するまでもなく、性的な欲求を満たすためである。きょうだい間の性的虐待の場合、被害者は「親から大事にされていない」、と感じている傾向がある場合が多い。結果、家族の中で「何をしても良い存在」と認識されてしまうのだ。

きょうだい間の性的虐待の加害者には、外では非常におとなしい、内弁慶な者もいる。欲求はあるけれど、外では出来ないから、身近な存在であるきょうだいを対象とするのだ。もちろん、学校生活の中では、何の問題も起こしていない。

親から虐待を受けていて、その怒りのはけ口として、きょうだいをレイプする加害者もいる。この場合、被害者は家庭内の最も弱い存在だ。

きょうだい間のレイプで加害者に共通する特徴は、被害者が本気で嫌がって抵抗することを気にしていない、ということだ。どれだけ被害者が嫌がっても、あきらめない。脅す、なだめる、説得する。中には、性的虐待の口封じのために、自分のお小遣いからお菓子を買ってあげたり、プレゼントを買ってあげたりする加害者もいる。目的は自分の欲求を発散することとだけだ。

きょうだいを本当に恋愛対象として見ている加害者もいる。欲求の対象として他の女性を思い描いたことは一度もなく、対象は、姉、妹でしかなかった、という加害者もいる。きょうだいが恋愛対象となること自体は異常ではない。しかし、それは一時的な感情で、成長と共に恋愛対象は家族以外の存在となるべきだ。小さい女の子のお父さんと結婚したい、という気持ちが次第になくなるのと同じように。しかし、外で人と関係を結ぶ力が弱い子どもの場合、関係を結べるのは家族だけなので、姉、妹が恋愛対象のまま成長してしまう場合がある。そして、きょうだい間の恋愛をテーマにした漫画や映画の流行が、子どもたちの感覚を狂わせているのも事実だ。

きょうだい間の性的虐待が起こる家庭で、親から子どもへの虐待が全くない家庭はほぼ、ない。親から子への何らかの虐待があり、親がきょうだい間の性的虐待に気づかない、あるいは黙認していた家庭ばかりだった。つまり、きょうだい間レイプのベースには、親から子への虐待がある、ということだ。

■娘を犯す父、見て見ぬふりの母

親から子への性的虐待は、誰もが想像するように、母の恋人や内縁の夫が加害者である割合が多いが、実の父親からの性的虐待もある。

性的虐待の内容は様々で、胸やお尻を触る、唇と唇のキス、一緒に入浴する、身体を洗う、洗わせる、子どもの裸の写真や動画の撮影、性的行為の強要などが挙げられる。

実の父親から娘への虐待の場合は、胸やお尻を触る、という内容が多いが、その父親の中には、真剣に「成長を見るためにやった」という者がいる。「ふざけて」というのもいる。しかし、父親が娘の成長を見るために胸を触ることも許される訳ではないし、ふざけて胸やお尻を触ることも当然許される訳ではない。しかし、父親は自分の行動の中に性的欲求が混じっているのに気づいていないか、気づかないようにしているために、全く悪びれずに、自分がした行為を認める。「成長の確認」「ふざけて」などの理由をつけて性的虐待をする父親は、注意されても繰り返す。だから実際は非常に悪質である。

DV型の性的虐待は、ほぼ全てが、内縁の夫を含めた父親から娘に対してである。父親は本当に自分の所有物であるかのように娘を扱う。夫婦関係が悪いことが原因である家庭もあったが、夫婦関係には問題がない家庭もあった。

娘が従順に言うことを聞いている間は、父親は娘を溺愛する。欲しいものを買ってあげる。行きたい所に連れて行ってあげ、ごちそうを食べに出掛けることもある。お小遣いもあげる。

しかし、言うことを守らないと激しい暴力を振るうのだ。携帯電話を子どもが持つようになってからは、居場所をGPSで常にチェックする親もいる。子どもの行動は制限され、寄り道は許されない。友人関係も制限されてしまう。そして学校で男の子と話した、親しくした、という情報を得ると、登校を禁じる場合もある。中には、クラスメイトに娘の行動を報告するように頼んでいる父親もいる。

性的虐待は、虐待の内容が性的虐待のみに留まる場合はほとんどない。別の虐待が並行している。非常に残念なことに、児童相談所にやって来る性的虐待が起こった家庭の母親の大半は、性的虐待を知りながら、見て見ぬふりをしているか、容認していた。そして、児童相談所が子どもを預かることになり、離婚しなければ子どもを帰せないと伝えた時、母親の大半が、子どもではなく、男性を選んだ。夫または恋人から捨てられないように、娘への性的虐待を容認する母親もいる。容認しながら、母は娘に強烈に嫉妬する。結果、母から娘への心理的虐待が並行することになる。

母の内縁の夫や、母の再婚相手など、血のつながりがない場合、最初から娘が目当てで結婚したという加害者がいるのも事実だ。シングルマザーが集まるインターネットのサイトで相手を物色し、幼児がいる母親を狙う者もいる。

男性が恋愛対象として選ぶ女性の年齢は、男性の精神年齢に比例する。幼い子が好きな男性は、自分自身が幼い。そして、自分の娘に対する性的欲求を、娘と同年齢の女性との性的関係で解消する男性もいる。

なぜこれほどまでに「ロリコン」、つまり小児性愛者が多いのか、その原因は明確ではない。しかし、小児性愛者が自分の欲求を叶えやすくなっているのは間違いない。ジュニアモデルの撮影会では、小学生の値段が一番高い。子どもが中学生になると、事務所が落胆するという。撮影するのは、成人男性で、中には中年男性もいる。悪質な事務所にはホテルで子どもと撮影者の二人きりで撮影させるところもある。そして非常に残念で憤りを感じることだが、ジュニアモデルにしても幼い子どもの性的なビデオにしても、事務所に連れて行くのは、一番は母親であり、二番目は母親の恋人なのだ。

性的虐待については、外から発見するのは不可能だ。本人も告白しないし、相談もしない。だからこそ、少なくとも親から子どもへの不自然なほどの管理・支配が認められた場合は、即、性的虐待を疑うべきだ。

性的虐待の被害にあった子どもの心理は、他の虐待を受けて来た子とは異なり、特別だ。幼いうちは、子どもはされている行為の意味が分かっていないことも多い。しかし、その内容について知ると「絶対に言ってはいけない」という気持ちを強める。いやらしいことだからだ。恥ずかしいことをされていると知られたくないと思う子どももいる。そして、「自分が悪い」と自分を責める子どもも多い。「自分が汚い」と思う子どもも多い。性的虐待は自己肯定感を著しく下げる。そして、自分が告白してしまえば、家族が滅茶苦茶になることを、子どもは知っている。だから、「自分さえ我慢すれば」と耐える。お母さんを傷つけたくない、という思いからお母さんに告白できない子どもも多い。

何らかの形で性的虐待の事実が明らかになり、家から離れることになった後も、子どもは自分を責め続ける。両親にひどいことをしてしまった、家族に迷惑をかけた、なんとか許して欲しい、と自分から親に連絡を取る子どももいる。そして一番連絡を取りやすいのが加害者である父親である場合も多い。父親は受け入れる。それは当然だ。自分にとって一番都合の悪い情報を握っている人間だ。再び自分の支配下に置いておけば、自分の思い通りになり、秘密を守らせることもできる。だから優しくする。

そういう背景があるからこそ、性的虐待は疑いがあったら即、保護しなくてはならない。しかし、今の児童相談所はそうではない。「事実かどうか分からない」「曖昧だから」と言って、ここでも判断を避けるのだ。親から離した場所でなければ、子どもは真実を語れるはずがない。そして告白したことで家族をめちゃくちゃにしてしまった罪悪感の解消、強い自己否定感をなくすための治療は、十分に長い時間をかけて行うべきものだ。

第8章　どうしたら虐待はなくなるのか

■児童相談所の不祥事が報道されない理由

なぜ、虐待死がなくならず、その理由が明確にはならないのか。その一つの要因は、児童相談所の実態が世間に知られていないことにある。

児童相談所が関わる相談内容は極秘事項である。虐待は、親が逮捕され、警察から発表されない限り、児童相談所は発表しない。これは、必要なことだと思う。本当は、性的虐待などの加害者に関しては、実名と顔も発表したい。それが、次なる被害者を生まないことにつながるからだ。しかしそこには被害者がいる。被害者のことは絶対に知られてはならない。今は、事件が起こり、匿名で報道されても、すぐに実名や顔写真がインターネットの中で広まってしまう時代だ。性的虐待の被害者として世間に知られてしまうことは、間違いなくセカンドレイプとなる。

性非行、性的な触法事件も同様だ。どんなに悪質な内容でも、報道発表はされない。少年法は、更生のための法律だ。児童相談所が関わって児童自立支援施設に入っても、子どもの経歴にそれは残ることはない。これも、重要なことだ。

しかしながら子どもに関すること以外も、児童相談所で起こっていることは一切マスコミに知られることはない。児童相談所が公表をしないからだ。相模原事件の記者会見を見て、多くの人は思っただろう。どうして、児童相談所が関わっていながら、こんなひどいことが起こってしまったのか。しかし児童相談所内部の人間、そして児童相談所をよく知る人間は思った。「どうして、マスコミに知られてしまったのだろう」。

児童相談所は虐待などによって、警察が関与しない限り、児童相談所の子どもや親への関わりの内容を公表しない。仮に、事件が起こっていても、である。そして記者会見では一様に、「緊急性はないと判断した」「判断に間違いはなかった」「数日前に面接したが、異常はなかった」、そう答えて終わらせてしまう。児童相談所と親の間でどういうやり取り、会話があり、なぜ緊急性はないと判断したのか、異常はないと判断したのか、そのプロセスは一切明かされない。そして子どもが亡くなっているのに、児童相談所は堂々と「判断に間違いはなかった」と断言する。個人情報を守っても、児童相談所がどういう関わりをし、どういう判断をしたかは公表できるはずだ。反省点も発表出来るはずだ。それをしないのは、後ろめたいことがあるからだ。

一時保護所の三階から飛び降りて怪我をして入院した子がいても、児童相談所は事故として発表しない。児童相談所の関わった子どもの自殺未遂も全く報道されない。

年間、どれだけの子どもが一時保護所や施設から逃げているか、そして何人が行方不明かの数字も発表されない。行方不明になった子どもが事件を起こして逮捕されても報道されない。そして行方不明になった子が風俗で働いていて、援助交際をして警察に捕まって再度の保護となっても、報道されない。

都合の悪いことは何一つ発表しないので、養育家庭（里親）に子どもを預け、そのうち何人が不調となって戻されたかの数字も発表されない。かつて、養育家庭に預けられた子どもが、死亡した、という事件が起こった。後に養育家庭における虐待の疑いの詳細がある雑誌で報道されたが、間違いなく内部リークだ。児童相談所はこの事件についての詳細を発表しなかった。

養育家庭でうまく行かなかった事例は公表しない。しかし、里親体験発表会は定期的に行っている。当然、うまく行っている養育家庭の発表だ。

一時保護所で子どもが酷い目にあわされた、職員にひどいことを言われた、などの苦情は多いが、その内容も当然発表されない。一時保護所が子どもにとって安全でも安心出来る場所でもないことも知られていない。だから相模原市児童相談所の全裸身体検査事件が世間に衝撃を与えたのだ。全国の児童相談所の職員は、不安になっただろう。うちの児童相談所でやっていることも、知られたら、ニュースになってしまう、と。

児童相談所の職員の不祥事は、もっとマスコミに発表されない。児童相談所の職員が逮捕されても、発表されることはない。児童相談所は鉄壁に守られている。子どもや家族の個人情報を守るため、という名目で、実は児童相談所の知られたくない事実は全て隠蔽されている。職員の秘密も隠されている。児童福祉司が間違った判断をしたことも、上司は虐待に関する重要な情報について一切報告を受けていなくても、「判断に間違いはなかった」と発表する。それで良いはずがない。間違いを認め、批判され、そして二度と同じ間違いをしない組織にならなくてはならないのだ。

だから児童相談所は良くならないのだ。働く職員も自分の仕事の仕方に疑問を抱かず、児童相談所の在り方に問題意識を持たないのだ。マスコミが言ってくれているから、人手が足りないことだけは外部に強調する。本当に必要なのは、児童相談所の実情を広く世間に知ってもらい、児童相談所がどうあるべきか、どうあって欲しいか、批判され、意見されながら、変わってゆくことだ。

■虐待専門機関の設立を急げ！

児童相談所は、子どもに関するあらゆる相談を受ける相談窓口である限り、虐待死を防ぐ、虐待を防止する機能を果たしきれない。厚生労働省がどれだけ法改正を繰り返しても、現在の児童相談所は虐待の専門機関にはなり得ない。

児童相談所は、地方自治体の一組織、つまり東京都などの公務員採用試験に受かった人間の一異動先であるべきではない。虐待の取組に特化した、専門組織を作るべきだ。職員は、児童虐待専門機関の採用試験に受かった人間のみ。そして合格後、最低一～二年の養成プログラムを受け、その上で、正規職員となる仕組みが必要だ。漠然と公務員になろうと思った人間ではなく、子どもを虐待から救いたい、と心から思う人間だけを職員とする。そのためには養成プログラムの充実は必須だ。虐待について表面的に学ぶだけではなく、虐待する親の心理、虐待された子どもの心理、虐待する親に対して、どのような関わりが虐待を止めさせることにつながるか、親は虐待を止める為に、子どもと一緒に生活するために、どんな努力をしなくてはならないか、どんな治療プログラムが親にとって必要か、虐待された子どもはどんな心の傷を負い、それがその子の人生にどんな影響を与えるか。児童福祉司になる人間も、心理検査を一通り学び、自分も受け、各心理検査によって何が分かるのかも学ぶ。学ぶことは山ほどある。そして、養成プログラムを終えることが、虐待に関する専門家となれることにつながり、児童虐待を防ぐことに対する正義感を身に付けられるようなプログラムが必要だ。

警察には警察学校がある。国税専門官には税務大学校がある。家庭裁判所調査官も養成期間を経なければ、職員にはなれない。専門家になるためには、その専門的な知識を徹底的に学ばなければならないのだ。

■虐待には「初動班」「対策・指導班」「家庭復帰班」で当たれ

虐待専門組織の中に、さらに専門チームを作る。虐待の初期対応は、虐待初動班が行う。初動班は虐待に関する徹底した調査を行い、虐待の有無を調査する。

いわば、虐待に特化した警察的な組織だ。親が嫌がる調査も子どもの面接もするし、虐待の事実が発覚したら、親の同意なくとも子どもを職権保護する。

図５　虐待専門機関組織と相談の流れイメージ

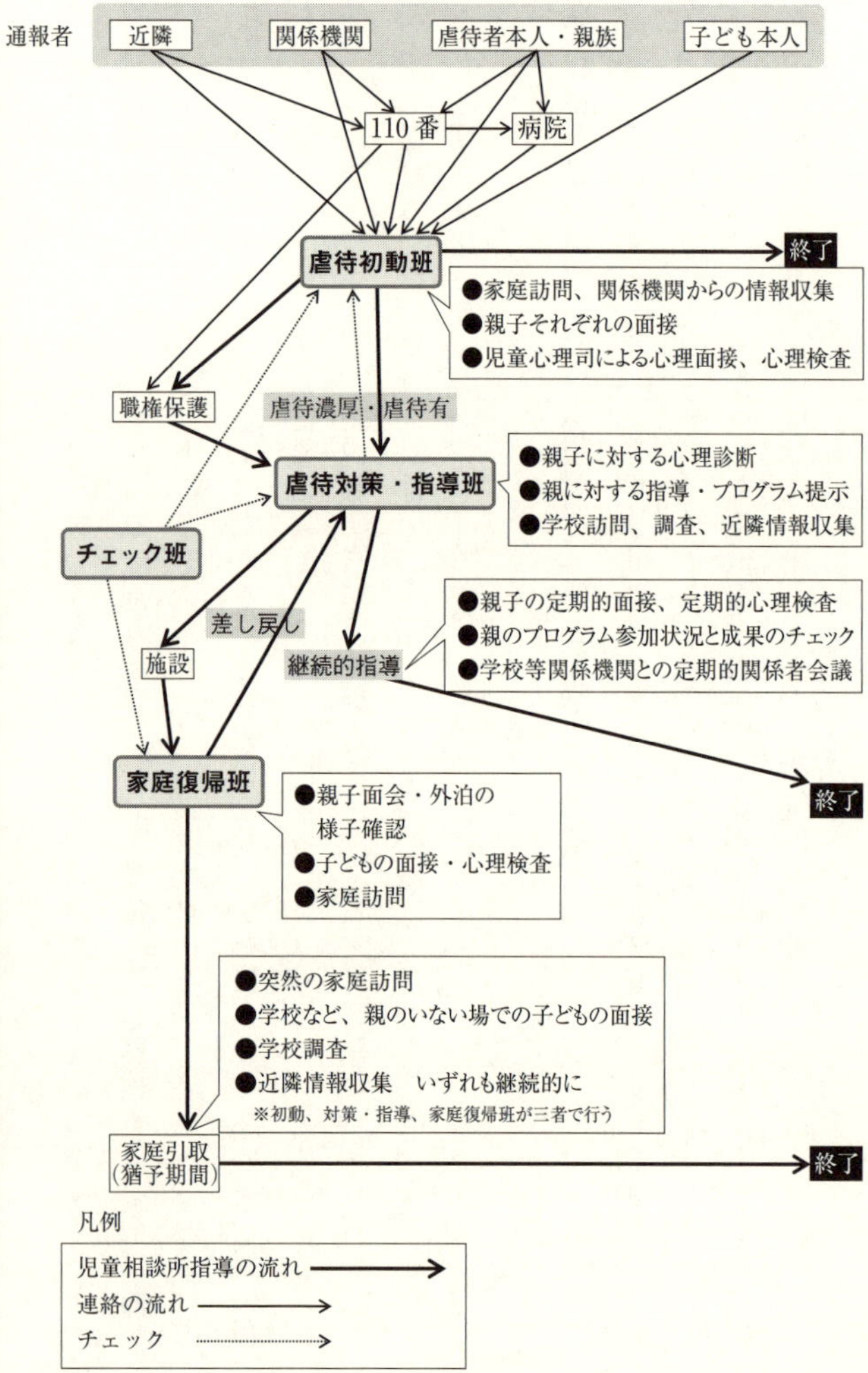

虐待初動班の調査の結果、虐待がないことが明確にならなければ、初動班は、虐待対策・指導班にケースを渡す。これが今までの通告である。対策・指導班に引き継がれる事は親が虐待している、と虐待専門組織が判断し、今後継続的な関わりをしてゆくことを意味する。

対策・指導班が行うべきは、徹底した虐待をなくす為の指導である。単なる注意や、お説教ではなく、養成プログラムの中に盛り込まれた指導方法を実践する。むしろ、意図的に、注意や説教はしない。責任は親にあるのだ。徹底した情報収集に基づき、虐待をしたらどうなるか、と親に伝える。そして親に対する心理診断は必須である。子どもの心理検査も定期的に行う。親の人格を評価し、虐待のリスクの高さを見極め、指導内容を検討する。親の改善が期待できなければ、長期的な施設入所の方向を検討する。

「虐待しない」約束だけでは不十分であり、アルコール依存の治療に通う、怒りのコントロールについて対策・指導班から徹底した指導を受ける、子どもを愛せない原因の分析結果を自分自身で受け止め、自分の問題に正面から向き合うプログラムを受ける、など、具体的に、虐待をしない為の努力をし、継続する事を対策・指導班が確認しなければ、虐待は継続するであろうと判断する事も伝える。虐待をしない、という証明は親がしなくてはならないのだ。

一時保護した子どもや施設に入った子どもの家庭復帰の可能性が見えて来たら、担当は家庭復帰班に引き継がれる。実質の担当は初動、対策・指導と家庭復帰班の三つとなるが、家庭復帰に向けて、親や子の直接の対応をするのは、家庭復帰班のみとする。対策・指導班から家庭復帰班への移行は、親にとってはランクアップを意味する。しかし、家庭復帰の可能性が薄い、と判断されれば、再び対策・指導班に差し戻される。これはランクダウンだ。

家庭復帰班は面会、外出、外泊の様子を確認し、親子それぞれの面接、聞き取りを行う。復帰班が重視すべきは、子どもが親との面会、外泊をすることによる心の変化。つまりは継続しての心理検査と、子どもの抱く感情の確認である。施設から家庭復帰に向けての外泊が開始されると多くの子どもは違和感を抱く。「別のお父さん、お母さんみたい」。そこには親の無理はないか。演技はないか。そこを心理の専門家が検査による分析を行い、評価するのだ。現在の親子関係は日常として継続してゆけるのかどうか。互いに無理があれば、それは緊張状態であり、継続は不可能である。

家庭復帰の可能性が高いと判断されたら、初動、対策・指導、家庭復帰三者で最終判断である。過去の虐待を改めて見直し現在の親の子育ての状況との違いをチェックする。親の受けたプログラムによる成果は出ているかのチェック。家庭復帰班は、突然の家庭訪問も行う。

この段階で重要なのは、家庭復帰を急がない、ということである。三者の協議の中では、虐待が再発しない、という安心材料を確認するのではなく、虐待再発のリスク要因が残っていないかを徹底してチェックする。そして家庭復帰が決定して、子どもが家に戻っても、虐待が再発しないことを完全に確認出来るまでは、家庭復帰班の関わりは継続する。そして虐待再発の情報が入ったら、即保護とする。家庭復帰班が関わっている間は猶予期間である。

さらに、現在の児童相談所の大きな問題は、児童福祉司の判断をチェックする機能がないということだ。管理職は全ての虐待ケースの内容を細かくチェック出来ない。チェック出来ないから、児童福祉司に任せるしかないのだ。だから、調査や決定に不備や間違いがないか、チェックに徹底した班も作る。初動、対策・指導、家庭復帰とは全く別に、だ。

新たな組織を作るなど、荒唐無稽な話だと思われるかもしれない。しかし、今までの児童相談所の在り方では、虐待は増え続け、虐待死はなくならない。

そうは言っても、実現は困難だろう。実現出来るとしても、長い時間がかかるだろう。現在の児童相談所で、虐待への取組を改善出来るとすれば、最低限、初動に特化したチームと、指導のチーム、家庭復帰に向けたチームに分けることは必須だ。チェックを徹底するチームも必要だ。そして養成プログラムは児童福祉司、児童心理司の育成の為に、十分に内容が検討され、新たに作られる必要がある。今までのような講義だらけでしかも一か月程度の児童相談所の研修など、虐待に取り組む職員養成には不十分過ぎる。そして児童心理司の専門家としての機能をフルに活用する。チェック機能が出来ることにより、児童福祉司は自分で決めなくてはならないことが減り、やるべきことが明確になる。今までは、やるべきことが不明確な中、判断と決定を迫られて来たのだ。それよりもはるかに仕事をしやすくなり、成果が出しやすくなる。結果、児童福祉司としての成功体験が積めることになる。児童福祉司は、全てを決定出来る権限を持つ事によってやるべき事、判断すべき事が増えすぎたのだ。

一時保護所の在り方についても変えてゆかなくてはならない。最も優先されるのは、子どもの保護理由によって、一時保護所を分けるべきだ。その子どもに対して、必要なことに応じてプログラムを変えるべきだ。この一時保護所の改革は、それだけで慎重に丁寧に検討される必要がある。

第9章　子どもと関わる上で重要な六つのこと

児童相談所は子どもにとって、最後の砦でなければならない。児童相談所の職員は、絶対的に子どもの味方でなければならない。そして、子どもにとって、頼れる大人、救ってくれる大人でなければならない。そのために、私が子どもと接するに当たり、心掛けて来たことをここでまとめておきたい。

「子どもの言うことを絶対的真実として扱う」

事実というのは人によって異なるものだ。誰もが主観的事実を生きている。親には親の事実があり、子どもには子どもの事実がある。その二つには大きな差があることがある。児童相談所は子どもの述べる真実を絶対的真実として扱わなくてはならない。子どもは時に嘘をつく。しかし、それは嘘をつかなくてはならない事情がある時だ。そして、関わる大人の側が子どもに嘘をつかせるような関係しか結べていない、ということもある。仮に嘘であっても児童相談所は子どもの言うことを絶対的真実として扱うべきだ。子どもが本当のことが言えないから嘘をつくのではなく、大人をだますための嘘をついているのなら、それは大人に責任がある。

「出来ないことは『出来ない』とはっきり伝える」

私がよく子どもに褒められたことだ。出来ないことを出来ない、とちゃんと伝えてくれるから、分かりやすいと。子どもに対して、曖昧な返事はすべきではない。

「児童相談所の方針決定の理由は、子どもが納得できるまで説明する」

子どもが家から離れたがっている。それなのに「お父さんとお母さんが反対しているから家から離すことは出来ない」だけでは子どもは納得しない。納得できないと子どもは助けを求めることを諦める。この人には何を言っても無駄だから、お父さん、お母さんの言うことを聞いているしかないんだ、と思う。「今回は、家からは離してあげられない」と言わなくてはならないことはあるが、その理由を子どもにきちんと伝え、しかし、児童相談所は諦めていないこと、あなたを家から離すために頑張り続けることをきちんと伝えるのだ。そして実行する。その姿を子どもに見せ続けることが大事だ。

「子どもの安全のためなら、親との敵対に臆しない」

難しいことだが、児童相談所で働く人間としての絶対条件だ。揺らいではならない。そこには子どものためという正義があるのだ。許されないことをしているのは親だ。そして敵対しているのは児童福祉司個人ではなく、児童相談所という組織だ。それを心に刻み、脅しや威嚇、脅迫に屈してはならない。大人が恐怖を抱くほどの攻撃をしてくる親であれば、子どもは家でもっと怖い思いをしている。親の外部に対する怒りや苦情は、家庭の中では子どもに向けられているのだ。児童福祉司は自分に向けられた親の攻撃から子どもの恐怖を想像すべきだ。

「子どもの頃に会いたかった大人になる」

誰もが、自分が子どもの頃はお説教ばかりする大人は嫌いだったはずだ。反発心を強め、口をききたくない、と思ったはずだ。けれど大人になると、大人は子どもに正しいことを教えなくてはならない、と思い、子どもの気持ちを考えずにお説教を繰り返してしまう。自分が子どもだったら、なんと言って欲しかったか。そのことを常に考えながら、子どもの心を察しながら話をすることが大切だ。

「親に代わって、子どもに愛を注ぐ」

人間には、生まれた瞬間に愛情で満たされなければならない器が発生する、と私は思っている。そしてこの器には、親を中心とした周りの大人がたくさん愛を注いであげて、その器からあふれた分だけの愛を、子どもは周りの人に向けられるようになる。この器が満たされ、愛があふれなければ、子どもは人に優しく出来ないし、誰かを愛することも出来ない。

そして、この器は空っぽだと、非常に苦しい。しかし、あまりに心の奥深くにあるので、本人は、愛を求めていることに気づけない。子どもによっては、空腹に、物欲に、金銭欲に、置き換えられて感じている。

しかしこの器には、愛しか入ってくれない。どれだけ食べても、どれだけ物を手に入れても、お金を手に入れても、器は空っぽなままで、苦しみは続く。だから繰り返すしかない。食事をした後でも、「お腹空いた」という子ども、万引きを繰り返す子ども、家から学校から、お金を盗み続ける子ども。色々な問題を起こす子どもに出逢って来たが、この愛情の器の問題が無関係な子どもは一人もいなかった。

子どもが問題を起こす時、その原因は家族にある。必要なのは、家族全体を立て直すことだ。だから私は問題を起こしてしまった子のお母さん、お父さんに伝えて来た。

「この子は、家族を代表して、SOSを出してくれているんです。だから、この子のことで悩んだ分だけ、家族は幸せになれるんです」

ご両親が、子どもの問題を家族の問題として受け止め、子どもに愛を注いでくれることこそ、家族の幸せにつながる。しかし、児童相談所にやって来る子どもには、愛されて来なかった子どもが多い。そして中にはこれからもずっと親に愛を注いでもらえないであろう子どもがいる。そんな子ども達には、親に代わって愛を注いであげる人間が必要だ。

児童相談所の職員は、子どもにとって通過点であるべき人間だ。児童相談所の職員である限り、子どもとはいつかお別れをしなければならない。児童相談所と縁が切れることは、子どもにとっては良いことだ。通過点であるべき人間が、親に代わって愛を注ぐ人間になれるのか。そのことをずっと考え続けて来た。そして、間違いなく、意味があると実感して来た。愛を注がれたことは、確実に子どもの心に残る。そして愛してあげた分だけ、私は子どもに愛された。親に代わって愛を注ぐ。実はこれこそが、児童相談所の果たすべき役割として、最も重要なのではないかと思う。

そして多くの人に知って欲しい。痛みと「ダメ」という禁止は子どもに何も学ばせない。大切なのはどうしたら褒めてもらえるかを具体的に教えることである。

あとがき

児童相談所を辞め、自分のオフィスを開業し、昔担当していた、お母さんや子どもが来てくれるようになった。

三十二歳の息子のことで悩んでいるお母さんは、私が独立しているのを知り、「運命だと思った」と言ってくれた。児童相談所だと、担当できる地域が決まっている。そして、相談を受けられるのは十八歳未満まで。もう何年も悩み続けていたお母さんは、相談出来る場所を、人を見つけられずにいたのだ。私が、児童相談所で彼女の息子の相談を受けた時、息子は中学生だった。親子の問題の解決には、長い時間がかかるのだ。今では悩みはすっかり解消され、お母さんはとても明るくなった。その姿に、今は私が癒されている。

私が高校生の時に担当していた男の子は、自分は大丈夫だけれど、奥さんの相談に乗って欲しい、と連絡して来た。

「俺は、山脇さんに助けてもらったと思ってるんで」

と言ってくれた時は、嬉しくて涙が出そうになった。そして奥さんも虐待を受けた経験があり児童相談所が関わっていたにも関わらず、心の傷が癒えないまま、抱え続けていた。困った時、苦しい時に頼る人を選ぶ力は生きていく上で重要だ。私のところに来てくれたことは、本当に嬉しく思っている。高校生だった時に私の心理検査を受け、その結果を聞いた旦那さんは、自分の心の状態と家族の問題をあまりに的確に指摘されたことに大きな衝撃を受け、いまだに鮮明に覚えていた。その理解があったからこそ、自分は回復出来た、と思ってくれていた。だからこそ、奥さんにも検査を受けさせたいと思ってくれたそうだ。検査の結果を聞いた奥さんは、

「心理検査の結果って、教えてもらえるんだね」

と、喜んでくれた。彼女は児童相談所から心理検査の結果を知らされていなかったのだ。

児童相談所で働いている時も、二十歳を過ぎて自立し、「懐かしくて」と会いに来てくれる子がいた。

序章で触れた、施設を飛び出し、風俗に入ってしまった女の子だった。施設を飛び出した彼女を、再び家から離すために、私はお母さんの虐待を厳しく指摘し続けた。その結果、お母さんと私は完全に敵対し、児童相談所に不信を抱いていた彼女とも敵対して終わってしまっていた。彼女がその後、家を飛び出し、風俗の世界に飛び込んでいたことを、私は

その時、彼女の口から初めて知らされた。

二十歳を過ぎた彼女は、すっかり大人になり、自立していた。「すごく幸せです」と笑い、私を見て「懐かしい」「会いたかった」と繰り返してくれた。敵対して終わったことをずっと気にしていたけれど、彼女の中で、児童相談所が関わったことに意味があったと思えたことは本当に幸せに感じられた。元気に生きていてくれればそれで十分だ。

しかし、児童相談所で働いている人間は、何故か子どもに厳しい。中卒で新聞配達の仕事を始め、一週間で辞めてしまった子に対して児童相談所の人間は、

「一週間で辞めるなんて、根気がない」

と多くの大人のように叱る。児童相談所に来なければならないような、事情を抱えた子なのだ。続かなくても仕方がない。私は言っていた。

「一週間働けたなんて偉い!」

「次は十日間を目標に頑張ろう!」

子どもと過ごす時間は最高に幸せだ。その時間を楽しめなければ、児童相談所で働くことは苦痛でしかないだろう。

学校でも、一時保護所でも問題児として扱われ続けていた中学生の男の子は知能検査の問題の中の、

「小さい子が喧嘩をしかけて来たらどうする？」

という質問に対して、

「いい子、いい子して、『あっち行ってな』って言う」

と答えた。こんな、優しさにあふれた回答を聞いたのは初めてだった。この回答こそ、彼の本質なのだ。

ある小学生の男の子は、やはり知能検査で、

「隣の部屋の窓から、黒い煙がもくもく出ているのを見つけたらどうする？」

という質問に、

「火事だったら、一一九番する。魚を焼いていたら、においをかいで、ご飯を食べる！」

と元気よく答えた。私が大爆笑していると、

「知らないんですか？　ウナギのにおいなんて絶品ですよ、絶品！」

と説明してくれた。笑い話だけれど、それは彼がいつもお腹を空かせていたことを意味していた。魚を焼くにおいでご飯を食べるほどに。

子どもの言葉には多くが含まれている。過去の経験、今の感情、そして子どもの持つ本質。それをきちんと見極め、子どもと過ごす時間を大事にしていれば、子どもに幸せにしてもらえる。それが、児童相談所で子どもを全力で守るために、親と本気で喧嘩をする原動力になる。

大切なのは、子どもの心を想像し、子どもの心に手を届かせることだ。子どもの心に手が届けば、必ずその感触は子どもにも伝わり、そして大人の本気が伝われば、子どもにとって児童相談所は生涯忘れられない場所になり、担当者は生涯子どもの心に残る人間になれる。そんな仕事が他にあるだろうか。

今現在、児童相談所で働いている人たちすべてに、その子どもから与えられる幸福を、感じて欲しいと思う。

そして、一般の方たちにも知って欲しい。私は、児童相談所の職員ではない、身近な大人に助けられた子どもにもたくさん出会って来た。

ある小学校高学年の男の子は、母の家でも祖母の家でも虐待され、母と母子の間で、彼の押し付け合いが続いていた。彼は自暴自棄になり、既に非行に走り始め、地域では問題児とされていた。もう、家には置いておけない、と児童相談所が保護した時、私は彼に、一番会いたい人は誰かを尋ねた。

するとと彼は答えた。

「PTA会長」

不思議に思って私は理由を尋ねた。すると彼は答えた。

「あの人だけ、毎朝笑顔で挨拶してくれた」

口数の少ない彼が、その時だけは、顔を上げてはっきりと答えた。その子にとって、それだけが救いだったのだ。そんなことに、子どもは救われ、支えられる。

子どもというのは、可愛がられた分だけ、可愛くなる。可愛がられた分だけ笑顔を増やしてゆく。笑っても泣いても、殴られて来た子どもは、笑顔を学べない。笑わない子どものことを、親は可愛いと思えない。だからさらに殴る。

大人同士だって同じだ。人は、優しくされた分だけ、人に優しく出来る。辛い思いをして来た子どもにたくさん出逢って来た。そして学んだ。すべては大人の責任だ。大人が、子どもにだけでなく、身近な大事な人に優しく接してあげる姿を見ることが、子どもが自分の幸せを望む第一歩となるのだ。

山脇由貴子（やまわき ゆきこ）

東京都出身。横浜市立大学心理学専攻卒業。

女性の生き方アドバイザー。家族問題カウンセラー。

東京都に心理職として入都し、都内児童相談所に心理の専門家として19年間勤務。2015年に退職後、「山脇由貴子心理オフィス」を立ち上げ、現職に。2006年に刊行した『教室の悪魔』（ポプラ社）が、現代のいじめ問題の核心をつきベストセラーとなる。以後、児童相談所で勤務する傍ら、全国で講演活動やメディアでの発信を行う。学校教員・保護者向けに監修したDVD「『いじめ』の早期発見と対策シリーズ 第3巻 保護者編」（日本経済新聞出版社）では、日本視聴覚教育協会優秀映像教材選奨優秀作品賞受賞。

著書に『友だち不信社会』（PHP新書）、『あなたのまわりのあぶない人たち』（大和書房）、『モンスターペアレントの正体』（中央法規出版）、『大人はウザい！』（ちくまプリマー新書）、『職場であなたを困らせる病的人格者たち』（講談社）、『震える学校』（ポプラ社）がある。

文春新書

1090

告発《こくはつ》 児童相談所《じどうそうだんじょ》が子供《こども》を殺《ころ》す

2016年（平成28年）9月20日 第1刷発行
2019年（平成31年）2月20日 第3刷発行

著者 山脇由貴子
発行者 飯窪成幸
発行所 株式会社 文藝春秋
〒102-8008 東京都千代田区紀尾井町3-23
電話（03）3265-1211（代表）

印刷所 大日本印刷
製本所 大口製本

定価はカバーに表示してあります。

万一、落丁・乱丁の場合は小社製作部宛お送り下さい。

送料小社負担でお取替え致します。


ISBN978-4-16-661090-7